CONHECIMENTO
em rede

Conselho Editorial

Alex Primo – UFRGS
Álvaro Nunes Larangeira – UFES
André Lemos – UFBA
André Parente – UFRJ
Carla Rodrigues – PUC-Rio
Cíntia Sanmartin Fernandes – UERJ
Cristiane Finger – PUCRS
Cristiane Freitas Gutfreind – PUCRS
Erick Felinto – UERJ
Francisco Rüdiger – PUCRS
Giovana Scareli – UFSJ
Jaqueline Moll – UFRGS
João Freire Filho – UFRJ
Juremir Machado da Silva – PUCRS
Luiz Mauricio Azevedo – USP
Maria Immacolata Vassallo de Lopes – USP
Maura Penna – UFPB
Micael Herschmann – UFRJ
Michel Maffesoli – Paris V
Moisés de Lemos Martins – Universidade do Minho
Muniz Sodré – UFRJ
Philippe Joron – Montpellier III
Renato Janine Ribeiro – USP
Rose de Melo Rocha – ESPM
Simone Mainieri Paulon – UFRGS
Vicente Molina Neto – UFRGS

CONHECIMENTO
em rede

Orgs.
Cristiane Finger e
Juremir Machado da Silva

Copyright © Autores, 2022

Capa: Like Conteúdo
Projeto gráfico e editoração: Niura Fernanda
Revisão: Eduardo Cabeda e Marcelo Silva

Editor: Luis Antonio Paim Gomes

Dados Internacionais de Catalogação na Publicação (CIP)
Bibliotecária Responsável: Denise Mari de Andrade Souza – CRB 10/960

C741
    Conhecimento em rede / organizado por Cristiane Finger e Juremir Machado da Silva. – Porto Alegre: Sulina, 2022.
    190 p.; 14x21cm.

    ISBN: 978-65-5759-072-0

    1. Meios de Comunicação. 2. Jornalismo. 3. Comunicação Social – Pesquisas. 4. Sociedade da Informação. 5. Mídia. I. Finger, Cristiane. II. Silva, Juremir Machado da.

CDU: 070
316.77
CDD: 070
302.23

Todos os direitos desta edição reservados à
EDITORA MERIDIONAL LTDA.

Rua Leopoldo Bier, 644, 4º andar – Santana
Cep: 90620-100 – Porto Alegre/RS
Fone: (0xx51) 3110.9801
www.editorasulina.com.br
e-mail: sulina@editorasulina.com.br

Junho/2022
IMPRESSO NO BRASIL/PRINTED IN BRAZIL

Sumário

Apresentação 7

Progressismo, progressividade
e comunicação 11
Michel Maffesoli e Juremir Machado da Silva

REDE TELEJOR: a contribuição da pesquisa
em rede para o conhecimento do
telejornalismo brasileiro 25
Ariane Pereira e Cristiane Finger

Territórios Comunicacionais
Contemporâneos: as redes tecnológicas
como metáforas da cidade 45
*Giancarlo Couto, Leonardo Massera,
Paola Casagrande, André Pase, Mágda Cunha,
Eduardo Pellanda, Cristiane Freitas Gutfreind
e Fabio La Rocca*

Os desafios da pesquisa em comunicação
na "covidianidade": transformações
na cultura digital, na vida social
e nas democracias 65
*Mágda Rodrigues da Cunha, Daniel Barredo Ibáñez
e Jorge Alberto Hidalgo Toledo*

Gênese de diferentes grupos de pesquisa lusófonos no campo da Comunicação Social 95
Antonio Hohlfeldt, Jorge Pedro Sousa, Marialva Barbosa, Ana Regina Rêgo e Alberto Pena Rodriguez

A midiatização da gestão estratégia da comunicação: possibilidades de pesquisa em uma perspectiva sistêmica e complexa 111
Victor Laus Gomes e Cleusa Maria Andrade Scroferneker

Contextos da pós-produção audiovisual: criação e edição de imagens em movimento 129
Roberto Tietzmann e Guilherme Carvalho da Rosa

Gazeta de Alegrete: Incêndio criminoso destrói arquivo histórico de acontecimentos locais a globais...................................155
Beatriz Dornelles e Marcelo Pires de Oliveira

Apresentação

"Assim como a educação, a ciência deve realizar a sua reforma para ser capaz de reformar. Essa reforma começou em alguns campos ainda separados. Duas revoluções científicas, a primeira tendo ultrapassado o determinismo e o reducionismo do mundo físico para enfrentar as complexidades, a segunda, inacabada, estabelecendo as religações entre disciplinas, ressuscitando assim a cosmologia, estimulando as ciências da terra, a ecologia, a pré-história humana, abrem a possibilidade de um saber científico capaz de retomar os grandes problemas da nossa cultura (o mundo, a natureza). Esse saber reorganizado, acessível aos profanos, permitiria uma democracia cognitiva, na qual os cidadãos não estariam mais condenados à ignorância dos problemas vitais. Uma ciência regenerada poderia estabelecer a comunicação entre a cultura científica e a cultura das humanidades e contribuiria para uma regeneração cultural. Democracia cognitiva e regeneração cultural poderiam contribuir para nos tirar progressivamente da "pré-história do espírito humano".

Edgar Morin, *O Método 6*

Em lugar do isolamento autoral moderno, a "democracia cognitiva" da produção solidária. Em vez da solidão do autor, o encontro das mentes e mãos. Este é um livro de parcerias: regionais, nacionais e internacionais. Uma obra que articula produções em equipe. No mínimo, a quatro mãos. Nada mais relevante e nada mais desafiador para o conhecimento do que abrir janelas para a diversidade. Falar, como se diz, é fácil. Executar, evidentemente, é sempre mais difícil, o que traz as delícias das boas aventuras intelectuais e existenciais. A relação com o outro é fonte de renovação. Mestres e discípulos, orientadores e orientandos, pesquisadores de diferentes instituições e integrantes de consolidados convênios ou redes de investigação encontram-se reunidos neste volume que desvela horizontes teóricos, metodológicos, temáticos, socioculturais e intelectuais.

Comunicação em rede, conhecimento em rede, pensar em rede. Trabalhar em conjunto, explorando o potencial da diferença, eis o grande objetivo que nos impomos e realizamos a cada dia com a satisfação do dever e do prazer cumpridos. Dar-se tal missão significa apostar em diálogo, interação e debate. Em lugar da autoria individual, tão cara ao modo de produção dominante, inclusive acadêmico, a autoria coletiva, produto de compartilhamentos e de aproximações, o que exige uma abertura para esse outro, tão próximo e quase sempre tão distante, e uma capacidade de escuta capaz de relativizar convicções e aceitar bifurcações transformadoras.

O sumário mostra um mosaico que vai de "progressismo, progressividade e comunicação" aos "contextos da pós-produção audiovisual, criação e edição de imagens em movimento", passando pela "Rede Telejor, a contribuição da pesquisa em rede para o conhecimento do telejornalismo brasileiro", os "territórios comunicacionais contemporâneos, redes tecnológicas como metáforas da cidade", "desafios da pesquisa em comunicação na "covidianidade", transformações na cultura digital, na vida social e nas democracias", "gênese de diferentes grupos de pesquisa lusófonos no campo da Comunicação Social", "pensamento sistêmico e complexidade como contraponto às generalizações na Comunicação Organizacional" até a "Gazeta de Alegrete, incêndio criminoso destrói arquivo histórico de acontecimentos locais a globais". Um cardápio plural e relevante.

Neste livro, portanto, os pesquisadores do Programa de Pós-Graduação em Comunicação da Pontifícia Universidade

Católica do Rio Grande do Sul, criado em 1994, mostram suas parcerias com colegas da França, Portugal, México, Colômbia, Rio de Janeiro, São Paulo, Bahia, Brasília, Teresina, Pelotas. Trata-se de um programa que sempre se interessou pelas atividades colaborativas, a começar pela internacionalização, tendo convênios efetivos com instituições europeias desde os anos 1990. Pesquisar quer dizer gerar novos conhecimentos, desvelar, trazer à tona, desocultar sentidos, divulgar resultados em congressos e salas de aula e fazer publicações. Cremos que este conjunto de textos materializa nossa visão de pesquisa.

Cristiane Finger
Juremir Machado da Silva
(Orgs.)

Progressismo, progressividade e comunicação

Michel Maffesoli[1] e Juremir Machado da Silva[2]

1 Sinergias

A "determinatio" designa em latim o terminal, o limite que faz a divisão entre o campo fértil e a indefinição do deserto. A sabedoria iniciática aprende, com exatidão, a concordar com as determinações naturais, sociais, intelectuais, etc. "Concordar" não significa aceitar um status quo fixo. Mas conviver com o que está aí. Ou seja, apegar-se ao fato e à experiência. Experiência comum vinda de muito longe e, portanto, radical porque enraizada nessa longa duração da qual os historiadores mais perspicazes fizeram o substrato cultural fundamental.

É uma perspectiva tão tradicional e, portanto, natural, que é mais útil quando um ciclo termina e outro começa. Quando uma era se encerra e outra se abre, o tesouro da experiência tradicional é mais do que nunca atual. É isso que a filosofia progressiva pode dar como contribuição a um mundo em formação. Recordemos as duas maneiras usuais de interpretar o curso do tempo. Alguns sistemas filosóficos são baseados em um linearismo autoconfiante. Na esteira de Hegel e de sua filosofia da História, as grandes construções

---

[1] Professor emérito da Sorbonne.
[2] Doutor em Sociologia pela Sorbonne (Paris V). Professor do Programa de Pós-Graduação em Comunicação da PUCRS.

socializadoras do século XIX teorizaram tal flecha do tempo. O progressismo é consequência dessa visão do tempo. Foi o grande mito da modernidade, ao qual se opõe uma concepção circular de temporalidade. O "eterno retorno do mesmo" nietzschiano. Muito complexo e matizado no filósofo, mas que se popularizou em várias concepções do mundo conservadoras e pouco atentas às mutações, às evoluções da sociedade. Em suma, "conservação" é recusar ou negar o devir, próprio de todas as coisas. O círculo é uma boa ilustração desse status quo ante!

Todo o resto é progressividade. Para dar uma tradução pictórica disso, não é nem a seta nem o círculo, mas a espiral. Sempre constante e sempre em mudança. A constância é o enraizamento na tradição, da qual indiquei o aspecto fundador e, sem jogo de palavras, "radical". A mudança é se adaptar ao presente. Tal impermanência colidindo com a continuidade é o que encontramos nas filosofias orientais. Esta metáfora da espiral, recorrente na história do pensamento, por exemplo em Nicolas de Cues, cuja "douta ignorância" prenunciou o humanismo do Renascimento, é uma ilustração relevante da filosofia progressiva que nos inicia na humildade, ou seja, na relatividade das coisas.

"O tempo retorna»[3], tal foi o lema que Lorenzo de Médici mandou fixar em seu estandarte pelo grande pintor Andrea del Verrocchio. Um eco do que Virgílio escreveu nas Bucólicas: "Aqui começa a grande ordem dos séculos". Esse tempo vindouro é, naturalmente, o do Renascimento com seu fermento

---

[3] cf. minhas análises nesse sentido em Maffesoli, Michel. *Le Temps revient* Paris: Desclée de Brouwer, 2010.

cultural, sua criatividade total, a nova Idade de Ouro que ele representa. O tempo que volta é também o do humanismo redivivo encontrando na filosofia progressiva uma expressão de escolha. Filosofia, como indicado por Pitágoras, que primeiro se denominou como amor à sabedoria. É um processo: um passo iniciático rumo à sabedoria. Eis o progressivo. Não é a simples projeção em direção a um futuro perfeito a alcançar, mas uma errância nunca concluída que, profundamente enraizada, se vive no presente. O futuro sendo, portanto, dado em acréscimo. Aí está, de fato, outra pedra angular na qual o cibermundo em formação pode ser incrustado. O fenômeno da Wikipédia, o de uma enciclopédia em constante mudança e, de maneira mais geral, todos os fóruns de discussão, blogs, redes sociais e outros sites comunitários, tudo isso reflete a rejeição de qualquer tipo de dogma.[4]

Os analistas da circunavegação em jogo na cibercultura mostram como a descoberta de um mundo novo que ela induz se dá na e pela retomada de temas muito antigos. A referência a sincretismos filosóficos é comum. O mesmo vale para os debates sobre as diversas espiritualidades, cuja importância é considerável. Não podemos mais negligenciar o retorno em força de uma ordem simbólica com contornos infinitos. Essa presença do imaterial dentro de um desenvolvimento tecnológico de ponta é a indicação mais segura de um inegável reencantamento do mundo.

---

[4] Cf. Hugon, S. *Circumnavigations. L'imaginaire du voyage dans Internet.* Paris: CNRS éditions, 2010, e Maffesoli, Michel. *Le réenchantement du monde* (2007). Paris: Perrin--Tempus, 2009.

Essa é a aposta de uma filosofia progressiva. Não são mais os eventos políticos ou sociais (ou mesmo "societais") que são as preocupações diárias da consciência coletiva, mas sim os eventos um tanto paradoxais dos antigos arquétipos: iniciação, espiritual, comunidade, tribo, ritual, etc., que o progressismo moderno acreditava ultrapassado. É neste sentido que a progressividade da sabedoria ancestral, a do "tempo que retorna", (re)encontra uma força inegável!

O virtual é, portanto, uma forma de falar de uma energia comum levando a sério o ideal do humanismo integral, trabalhando para unir, em um mesmo movimento, natureza e cultura. Naturalização da cultura e culturalização da natureza, que na ideia de complexidade para Edgar Morin é cara, ou no "trajeto antropológico" que, como um fio condutor, percorre toda a obra de Gilbert Durand.

O que tememos chamar de "pós-modernidade" nada mais é do que essa surpreendente sinergia entre o desenvolvimento arcaico e o tecnológico. Em outras palavras, a multiplicação dos efeitos sociais a partir da contribuição da tradição (o que foi, é e será) alavancada pelo potencial da tecnologia avançada. Essa conjunção desperta um imaginário alternativo ao da modernidade. Muito precisamente (re)energizando uma ordem simbólica que pensávamos ter sido superada. Este é o coração pulsante da filosofia progressiva. Uma ordem simbólica que consiste tanto em estar conectado quanto em fazê-lo com base na confiança e encontra a sua radicalidade naquilo que remete ao princípio, ao original, o que, de fato, reforça a proxemia. Em sua meditação sobre um poema de Hölderlin a respeito do retorno à terra natal, Heidegger sublinha bem a conjunção existente entre "fidelidade à origem" e "segredo da proximidade".[5]

Não se poderia expressar melhor a harmonia existente entre estes originais que são a tradição, os hábitos e costumes da memória antiga e o vínculo, a ligação com o outro da comunidade. Essa mesma reversibilidade encontra-se no "irmanamento" do que é a causa e o efeito. Ou seja, nesse ideal comunitário, destilando uma solidariedade orgânica e formas de generosidade de que os acontecimentos recentes dão muitos exemplos.

Assim, contrariando os discursos aceitos da opinião intelectual dominante, a heterodoxia pós-moderna, ao se apoiar no pensamento tradicional, contribui para colocar o mundo de pé. Ou, simplesmente, para "se encaixar no que é".

É isso que os historiadores ou filósofos mais sutis chamam de "imperativo atmosférico" ou "mudança climática", a partir do qual podemos apreender as evoluções fundamentais.[6]

Podemos lembrar que em seu Discurso sobre esta questão proposta pela Academia de Dijon: se o restabelecimento das ciências e das artes contribuiu para purificar a moral (1750), Rousseau, com audácia, responde negativamente. E, em nome da natureza, ele ataca tanto a cultura quanto a ciência, provocando o escândalo que conhecemos. Sua posição, porém, era cheia de nuances e muito equilibrada. Precisamente nisso ele

---

[5] Heidegger, M. *Approche de Hölderlin*, Paris: Gallimard, 2006, p. 28-29. Sobre «irmanamento» cf. mon livre, Maffesoli, M. *Homo Eroticus. Des communions émotionnelle*. Paris: CNRS Éditions, 2012.
[6] cf. por exemplo, Febvre, L. *Au cœur religieux du XVIe siècle*. Paris, [1957], EHESS, 1968, p. 274-290 e Ortega y Gasset, J. *La révolte des masses* [1929]. Paris: Les Belles Lettres, 2010.

notou que havia, é claro, aspectos sociais inegáveis: funções, papéis, profissões; mas também "personagens naturais": pai, mãe, etc. O caráter é uma marca que faz de cada um de nós quem ele é. Ao fazê-lo, dentro da própria filosofia do Iluminismo, o autor trouxe uma nuance importante para o que viria a ser a ideologia do Progresso autoconfiante. Foi criticado por isso. É tal retomada em consideração do "dado" natural, sobre o qual a tradição lança a luz mais clara, que parece renascer nos dias de hoje. Isso também é o que a filosofia progressiva lembra com acuidade. Dessa forma, ela se aproxima do senso comum popular do qual é apenas a conformação intelectual. Uma lembrança salutar da experiência coletiva e da sabedoria iniciática mostrando que a razão só é relevante ao longo do tempo quando sabe integrar os sentidos.

Como Nietzsche observou: "O passado talvez ainda permaneça essencialmente inexplorado. Ainda precisamos de tantas forças retroativas"[7], uma bela fórmula que lembra esse "vis a tergo" que nos empurra para frente e, às vezes, nos solapa o passo, quando acontece que nos esqueçamos da contribuição das origens em uma ordem de coisas essenciais. Essas forças retroativas contribuem, e essa é a eficácia do aprendizado, para fortalecer a pessoa reforçando seu sentimento de pertencimento a uma determinada "tribo" e, portanto, à comunidade humana em geral. É assim que essa sabedoria ancestral, enraizada no senso comum popular, está em sintonia com o espírito pós-moderno da época. Precisamente, por um lado, por ser uma abertura progressiva ao todo, à totalidade do ser individual, do ser coletivo, que é uma espécie de "pansofia", e

---

[7] Nietzsche, F. *Le Gai savoir*. Paris, LGF, 1993, §34.

por outro lado, por nos unir a "sensibilidade ecosófica", cada vez mais prevalente entre nossos contemporâneos.

O que está, portanto, em jogo na "progressividade", que é também o coração pulsante do novo zeitgeist, é a interação da razão e dos sentidos. Ou mesmo uma complementaridade viva e prospectiva entre conhecimento e experiência. Trata-se, de fato, de transformar o conhecido em experiência vivida. Aprimorar o material com o espiritual, reconhecendo que não há espiritual exceto em termos de uma encarnação constante. Um espiritualismo tão corpóreo que a exacerbação do racional, transformado em racionalismo, coração pulsante da ideologia progressista, não pode captar, nem compreender, nem apreciar. Dessa forma, desconecta-se de uma experiência real ou da prevalência da experiência que caracteriza nossa situação pós-moderna.

Ora, o espiritual existe, cada vez mais fora do racionalismo que vem sendo discutido, o que encontramos, goste-se ou não, no fervilhamento cultural e existencial que floresce na horizontalidade da Internet, onde o conhecimento compartilhado, "conhecimento comum", é o fato de se compartilhar tudo numa comunicação sem fim. Troca de ideias traduzindo, fora do caminho das boas intenções, um vitalismo social inegável. Essa vitalidade se expressa na experiência de uma plural res publica, causa e consequência de um "ideal comunitário" em formação. Ideal enraizado na tradição da filosofia progressiva, o de um verdadeiro "enraizamento dinâmico".

2 Na carne, na pele, na alma

A ideologia do progresso, como linha reta em direção a um futuro redentor, inventou uma mitologia autorreferenciada. O sentido só se daria quando a caminhada se completasse. A vida, porém, não pode esperar. Ainda mais quando alguém sente que o tempo passou, esse mesmo tempo que volta cada vez mais intensamente como esse enraizamento dinâmico de que é feita a memória afetiva dos seres humanos. É quando a poesia traduz melhor as expectativas do que a ciência com sua comunicação pretensamente objetivada. Então a sabedoria do cotidiano se faz de experiências, de vínculos, de estruturas arquetipais como os laços sociais. Nesse momento, expressões do senso comum, dessa sabedoria popular que consola e ampara, ressoam como comunicações mais profundas: "o que vale é a família"?, "ao final contam os amigos", "da vida nada se salva, melhor viver o que der".

O poeta peruano Cesar Vallejo capturou essa adaptação ao ritmo existencial sem desespero nem rejeição: "Me moriré en París con aguacero,/un día del cual tengo ya el recuerdo./ Me moriré en París – y no me corro –/tal vez un jueves, como es hoy de otoño".[8] Há uma profunda sabedoria nessa aceitação da vida que se comunica como uma mensagem de resistência sem desânimo nem promessas de paraíso. Também isso, obviamente, é comunicação, não apenas aquilo que a chamada mídia repete como uma receita a ser aplicada aos males do dia a dia. A pós-modernidade, como espírito de um tempo, de uma parte desse tempo, tem mostrando o quanto esse conhecimento comum se expressa sem arrogância, fornecendo, porém, elementos para uma progressividade sem teleologia.

O homem dito comum bebe a cada dia no seu passado para encontrar forças que o enraízem no presente e permitam

---

[8] Vallejo, C., 1986, p. 233.

que não perca o passo. Ele se agarra nas tradições ancestrais, adaptando-as às necessidades do seu cotidiano, ao mesmo tempo em que consome o que a tecnologia lhe fornece. Por muito tempo, contemplou o que a televisão, o cinema e os jornais lhe ofereciam, desviando sentidos nos espaços das suas vivências, muitas vezes ignorado por esse emissor todo--poderoso. A chegada da internet, com suas ferramentas inimagináveis de interação comunitária, deu-lhe a possibilidade de investir-se numa comunicação progressiva, feita de retalhos de aprendizagens e da reiteração do prazer da convivência com conhecidos, desconhecidos, próximos e distantes, numa promexia virtual.

O mesmo Vallejo, poeta luminoso na sua intepretação das sombras da existência, cantou: "Hay golpes en la vida, tan fuertes… ¡Yo no sé!/Golpes como del odio de Dios; como si ante ellos,/la resaca de todo lo sufrido/se empozara en el alma… ¡Yo no sé!"[9] Sim, sabe, mas continua a viver, transformando o sofrimento em experiência vivida que não apaga o desejo de viver ao que for possível. A vida sem a esperança não faz sentido. No fundo, à luz desses enraizamentos, viver é crer. Se não há garantias, nem progresso salvador, mas apenas tentativas, progressões, progressividade, existe, em contrapartida, uma produção de sentidos, luzes que nos iluminam como essas "forças retroativas". Conhecer, pesquisar, estudar, fazer ciência, enfim, significa tentar compreender as mutações societais para adaptar-se a esse "imperativo atmosférico" sem colocar como obstáculo à fruição do tempo que corre.

---

[9] Idem, p. 59.

"A rua conduz o flanador a um tempo desaparecido"[10], diz Walter Benjamin. O flâneur, contudo, nunca se perde. Enquanto caminha a esmo ele se conecta com o tempo perdido das imagens que renascem. A sua aventura, no cenário bem enquadrado da cidade, tem como vitrine, janela do tempo, um mundo de objetos. Cada elemento comunica, liga, conta uma história, aciona um sentido. Essa ligação, aparentemente desconexa, fundamenta uma maneira de existir, um estar no mundo, um prazer de existir por existir alimentado por cores e formatos diversos.

Viver é comunicar-se também por meio do corpo, das roupas, dos gestos, da cultura que se estampa no que se veste e em como cada um se mostra aos outros. Por muito tempo, o tempo da despreocupação com o futuro, a vida é um fluxo interrompido apenas pelos sobressaltos das paixões e das novidades. Dá-se uma interessante composição entre a atração pelo novo e a afeição pelo velho, pelo que está na origem, no começo do "trajeto antropológico", aquilo que constitui o patrimônio emocional de uma pessoa, esse álbum imaginário indestrutível que não pode ser planejado. "O soldado em marcha fica tão enquadrado, emurado, arrastado pelo seu regimento quanto o marítimo pelo seu navio", reflete Tolstói.[11] O homem no seu cotidiano é, por vezes, como um soldado no regimento ou como um marinheiro no seu navio. Apesar disso, desses enquadramentos rígidos – trabalho, escola, leis, religiões –, cada encontra meios de evadir-se. O ciberespaço é território de fuga, onde se irmanam os "brothers". Essa

---

[10] Benjamin, W., 1989, p. 185.
[11] Tolstói, L.,1957, vol. 1, p. 370.

"brodagem" ultrapassa as idades, numa dialógica contínua, ampliando os horizontes da flânerie. Troca-se o termo camaradagem por um mais novo e tudo se repete, especialmente a emoção do compartilhamento, de estar com outros em conversas intermináveis nas quais não é fundamental dizer alguma coisa. O importante é estar ali.

Durante muito tempo uma ciência dura, positiva, talvez positivista, quis explicar tudo sem se preocupar com aspectos como empatia, compreensão e subjetividade. Cada sujeito era reduzido à condição de objeto, perdendo sua singularidade em processos de objetivação. Falar em "saber alegre" era excluir-se do espaço da cientificidade. As teorias da comunicação, por exemplo, ocupavam-se predominantemente de manipulação ou recepção, relegando ao esquecimento as interações não funcionais marcadas fundamentalmente pelo prazer.

A obsessão pelo conceito, capaz de enfeixar o mundo, levou a que se ignorassem as experiências concretas, tornando árido ou oco o que, para além das teorias, fervilhava no cotidiano. Quando tudo se torna abstrato, no isolamento dos temores pandêmicos, as imagens recolhidas ao longo da caminhada povoam o espírito fazendo com que, no coloquial, fale-se em "sentir na pele, na carne" e em "carregar na alma" aquilo que conta. Há um retorno ao útero materno, uma volta à rua da infância, uma reconexão com o passado. De resto, com as redes sociais e os aplicativos de contato, o que mais se faz é procurar quem "ficou para trás". Colegas de escola fazem grupos de WhatsApp. Gente que não se via desde décadas promove encontros virtuais e, depois, presenciais. O tempo retorna como uma compensação pela aceleração do progresso. Procedimentos ultramodernos de saúde são associados a práticas alternativas da sabedoria oriental ou a fórmulas populares de enfrentamentos de certos males. Se bem não faz, dizem os usuários, provoca, ao menos, a satisfação espiritual de um reencontro com as origens. Misturam-se a "ideologia do coach" (recorrer a um especialista, um consultor para tudo) com o "faça você mesmo". Tutoriais na internet ajudam a cuidar de cães ou a plantar rosas.

    O que se quer? Avançar sem deixar para trás o legado da origem. Mesmo no trabalho o que se deseja é "estar em casa". O "home office" praticado em massa por causa da epidemia do coronavírus acendeu uma fagulha em muita gente: "trabalhar sem sair do seu canto". A comunicação na televisão tornou-se mais coloquial, descontraída, leve. Não faz sentido apresentar de gravata as notícias do esporte. O telejornal não precisa ser formal e sério a ponto de fazer dos apresentadores robôs. Por toda parte ouve-se a expressão de um forte desejo: "fazer como todo mundo". A família não tem um único formato, mas continua a ser pedra angular das sociedades, lugar do afeto privilegiado e do culto da origem.

    Já não somos os mesmos nem vivemos como nossos antepassados. Mesmo assim não cultivamos mais a ideia de sepultá-los na gaveta das histórias sem interesse. Se recusamos os seus preconceitos e as suas amarras, valorizamos algumas das suas lutas. Queremos ter uma história, uma genealogia, uma trajetória, um destino, o que contar no Facebook, no Instagram, nas redes sociais, em mensagens curtas ou longas, "textão" ou "tipo" TikTok. Não importa. Quanto mais o tempo passa, aquele tempo que se mede pela idade, pela brancura dos cabelos ou por doenças, mais retorna essa vontade de preservar o coração pulsante da singularidade, resgatando experiências, colecionando imagens, fotos que pareciam irrecuperáveis, marcas do que se contava perdido, fragmentos de emoções compartilhadas na infância, na adolescência, nas primeiras viagens, etc. Uma arqueologia dos afetos domina espíritos aparentemente mais práticos. As novas gerações pertencem ao mundo das câmeras por toda parte e terão profusão de imagens a rever. O Facebook já aviva as memórias mostrando a cada dia o que cada um viveu há um ano, cinco anos, dez anos. O homem pós-moderno sabe, obviamente, que morrerá em algum lugar e não foge. Espera que seja nalgum lugar que amou. Junta-se aos seus, o núcleo dos sentimentos mais profundos, para sentir o calor do tempo que sempre retorna, em espiral, para sacudir a lembrança que vagueia na parede da memória. A progressividade da vida não é um voo em linha reta. Comunicar é tentar dizer o que se pode sentir produzindo as imagens que voltarão.

Referências

BENJAMIN, W. **Charles Baudelaire: um lírico no auge do capitalismo**. São Paulo: Brasiliense, 1989.

FEBVRE, L. **Au cœur religieux du XVIe siècle** [1957] Paris: EHESS, 1968.

HEIDEGGER, M. **Approche de Hölderlin**. Paris, Gallimard, 2006.

HUGON, S. **Circumnavigations. L'imaginaire du voyage dans Internet**. Paris: CNRS éditions, 2010.

MAFFESOLI, Michel. **Homo Eroticus. Des communions émotionnelle**. Paris: CNRS Éditions, 2012.

—— **Le Temps revient**. Paris: Desclée de Brouwer, 2010.

—— **Le réenchantement du monde** (2007). Paris: Perrin-Tempus, 2009.

NIETZSCHE, F. **Le Gai savoir**. Paris: LGF, 1993.

ORTEGA y GASSET, J. **La révolte des masses** [1929]. Paris: Les Belles Lettres, 2010.

TOLSTOI, L. **Guerra e Paz**. Belo Horizonte: Itatiaia, 1957.

VALLEJO, Cesar. **Obra completa**. Lima: Alianza Editorial, 1986.

REDE TELEJOR: a contribuição da pesquisa em rede para o conhecimento do telejornalismo brasileiro

Ariane Pereira[1] e Cristiane Finger[2]

Introdução

Durante os anos de pandemia, a tarefa de pesquisar parecia ser ainda mais solitária do que normalmente pensamos que ela é. Foram momentos de separação, de radicalização, de perseguição, de medo, de tristeza, de luto e já de saudade de tantos que perderam a vida. Entre eles o professor, pesquisador e grande amigo Flávio Porcello, da Universidade Federal do Rio Grande do Sul, um dos fundadores do nosso grupo. Então, um trabalho conjunto tornou-se um lugar de aconchego e consolo: a Rede TeleJor.

Prof. Dra. da Universidade Estadual do Centro-Oeste, Unicentro, Paraná, no Departamento de Comunicação Social (Decs) e no Programa de Pós-graduação em História. Possui graduação em Comunicação Social pela Universidade Estadual de Londrina (1999), mestrado em Letras pela Universidade Estadual de Maringá (2005) e doutorado em Comunicação e Cultura pela UFRJ (2014). É Coordenadora da Rede TeleJor (Rede Brasileira de Pesquisadores em Telejornalismo). É vice-líder do Grupo de Pesquisas Conversas Latinas em Comunicação (CLC). Diretora Cultural da Intercom (Sociedade Brasileira de Estudos Interdisciplinares da Comunicação) - gestão 2021-2023.

[2] Prof. Dra. titular do Curso de Jornalismo e membro permanente do PPGCOM da Escola de Comunicação, Artes e Design – Famecos/PUCRS. Coordenadora do Programa de Pós-graduação em Comunicação da PUCRS. Coordenadora do Grupo de Pesquisa Televisão e Audiência (GPTV). Conselheira da Rede TeleJor (Rede Brasileira de pesquisadores em Telejornalismo. Diretora Regional Sul da Intercom (Sociedade Brasileira de Estudos Interdisciplinares da Comunicação) – gestão 2017-2020/ 2021-2023.

Não houve um só dia em que o nosso grupo no WhatsApp ficou em silêncio. Estivemos em todas as redes sociais. Trocamos dúvidas, passamos informações sobre Capes, CNPq, Editais e tudo o mais que tanto nos preocupava. Fizemos artigos (muitos em parceria); inúmeras reuniões remotas – umas para trabalhar, outras para apenas nos encontrar; organizamos a nossa participação nos congressos remotos da Intercom; nas comunicações coordenadas da SBPJor, da Alaic e de tantos outros; nos multiplicamos em Bancas de Qualificação e de Defesa em Programas de Pós-graduação nas cinco regiões do país; publicamos mais livros do que usualmente fazíamos a cada ano, pela Coleção Jornalismo Audiovisual da Editora Sulina, uma grande parceira.

Um ritmo frenético de trabalho conjunto, em rede, em plena pandemia e que rendeu a indicação e a posterior conquista do Prêmio Luiz Beltrão, conferido pela Intercom (Sociedade Brasileira de Estudos Interdisciplinares da Comunicação), na categoria Grupo Emergente. Um reconhecimento ao trabalho mobilizador e de referência do Grupo de Pesquisa (GP) em Telejornalismo, que é mais um lugar de troca e de acolhimento conectado à Rede TeleJor.

Neste capítulo vamos demonstrar a importância deste trabalho em rede sobre o fazer, ensinar, pesquisar, publicar e, principalmente, refletir sobre o telejornalismo. Contar como os participantes operam em conjunto, como são sistematizadas as pesquisas e, é claro, mostrar os resultados que estamos colhendo, assim como os nossos planos futuros. O objetivo é ajudar outros pesquisadores a encontrarem um caminho para a construção do conhecimento em rede.

A Pesquisa em Rede

A definição de Redes de Pesquisa no glossário do Diretório de Grupos de Pesquisa do CNPq descreve que elas visam "impulsionar a criação do conhecimento e o processo de inovação resultantes do intercâmbio de informações e, sobretudo, da junção de competência de grupos que unem esforços na busca de metas comuns, podendo ou não haver compartilhamento de instalações".

Os estudos sobre redes de colaboração científica remontam à década de 1960. De acordo com o breve histórico descrito por Balancieri et al. (2005), a maior parte das redes surge da relação informal de pesquisadores que se encontram em congressos, conferência, seminário e outras reuniões sobre suas especialidades ou em intercâmbios institucionais. Nesta primeira década, as publicações começam a ser realizadas mais em coautoria, um resultado que iniciaria pela relação entre orientador e orientando.

Na década de 70, os estudos sobre grupos de pesquisa e redes de colaboração científica já apontavam que o grau de cooperação entre pesquisadores é diferente nas diversas áreas do conhecimento, de acordo com suas características organizacionais. Por exemplo, as ciências básicas e naturais têm um grau de cooperação maior do que as ciências aplicadas e sociais. A dificuldade desta última está num consenso paradigmático entre os autores. Também fica demonstrado que um artigo publicado com vários autores gera maior impacto sobre a comunidade científica do que um artigo publicado individualmente.

Nos dez anos seguintes, houve uma consolidação no entendimento de que as pesquisas realizadas por grandes grupos têm mais influência no mundo científico e que, assim, os pesquisadores conseguem dar maior visibilidade para seus trabalhos e, consequentemente, conquistar o reconhecimento de seus pares.

Na década de 90, ainda na pré-web, as pesquisas sobre a produção científica em redes apontam que a distância geográfica diminui a frequência da produção em grupo. Weisz e Rocco (1996), definem que as redes são centros não físicos e que o grau de participação de cada unidade é flexível. Também fica claro que as pesquisas teóricas são produzidas por um número menor de indivíduos do que as pesquisas empíricas. E, ainda, que os artigos publicados em parcerias internacionais são duas vezes mais citados do que artigos de um único país. Porém, os resultados de pesquisas conjuntas também são sentidos nacionalmente:

> [...] a colaboração científica amplia as possibilidades de abordagens e ferramentas, promovendo uma rede na qual os colaboradores se relacionam. Neste contexto, a análise de coautoria, usada por alguns pesquisadores como sinônimo de colaboração, reflete um rol possível de intercâmbios e trocas entre os pesquisadores e instituições e constitui um procedimento significativo, sendo medida pelo número de publicações em colaboração entre autores, instituições ou países e empregada para identificar e mapear a cooperação regional, nacional ou internacional (ALVES; PAVANELLI; OLIVEIRA, 2014, p. 77).

Mesmo antes da popularização da internet, o conhecimento científico produzido por meio de colaboração e estabelecido em grupos e redes de pesquisa já circulava em livros, artigos em periódicos e anais de eventos. A dificuldade estava na troca de ideias e na sistematização da produção conjunta que acontecia numa dinâmica mais lenta e difícil e na maioria das vezes de forma presencial.

Seguindo o breve histórico feito por Balancieri et al. (2005), fica claro que a partir dos anos 2000, a pesquisa científica realizada por grupos tem ainda mais impacto com a combinação das redes sociais. "Outra característica presente nesse período é a junção de várias áreas de análise para o entendimento e/ou a visualização das redes de relacionamentos formadas pela colaboração científica (e.g., Link Analysis, Teoria dos Grafos, ciência da informação e redes sociais)". Sem dúvida, a comunicação da pesquisa científica ultrapassa fronteiras com as tecnologias da informação.

De acordo com Oliveira (2018):

> A cooperação entre grupos de pesquisa sempre existiu e foi importante para o desenvolvimento. E, no momento atual, com todo o progresso na velocidade de comunicação e na transferência de dados, a formação de redes de pesquisa vem crescendo rapidamente. Os pesquisadores de diferentes laboratórios e instituições, tanto nacionais como de outros países, vêm colaborando cada vez com maior frequência, focados em questões específicas das pesquisas. O estabelecimento de redes de pesquisa e colaborações oferece a flexibilidade necessária à adaptação a um amplo espectro de desafios emergentes. De fato, em um momento no qual a tecnologia vem permitindo a elaboração de equipamentos que analisam diversos aspectos de uma determinada amostra ou experimento, o compartilhamento desses resultados com outros pesquisadores possibilita maiores exploração e

discussão dos mesmos, trazendo detalhes importantes gerados por expertises em áreas interligadas, mesmo que distintas, mas que se completam.

TeleJor – Rede de Pesquisadores em Telejornalismo

O enfrentamento da pandemia Covid-19 e as transformações da sociabilidade, decorrentes da disseminação do novo coronavírus, evidenciaram a centralidade das telas na contemporaneidade. Esse crescimento exponencial das formas de produção e de acesso à vídeos, de natureza e origem diversas, também possibilitou que o risco de contato com informações falsas, mentiras e boatos fosse multiplicado. A desinformação foi fator de preocupação durante a pandemia, mesmo antes – nas eleições presidenciais tanto nos Estados Unidos quanto no Brasil –, segue sendo um risco nesse ano de 2022, quando os brasileiros voltam às urnas para escolher seu novo mandatário.

A desinformação é, assim, um problema contemporâneo, reforçado no Brasil pela ausência de regulamentação da comunicação e pelo baixo conhecimento acerca do funcionamento da mídia em nossa sociedade, gerando, entre outros riscos, a não diferenciação entre conteúdos informativos-jornalísticos e a emissão de opinião a partir de conteúdos inverídicos. Os conteúdos audiovisuais, portanto, ao circularem e se propagarem indiscriminadamente a partir da ação de atores não identificados e de agentes maquínicos, são portadores potenciais de um valor de verdade (decorrente de seu formato consagrado a partir do telejornalismo) que conferem uma certa credibilidade à mentiras numa sociedade movida pela pós--verdade, essa espécie de verdade individual, em que cada um acredita apenas no que lhe convém e rechaça toda e qualquer outra perspectiva. Podendo ser compreendida como um dos resultados da exacerbação das culturas narcísica e hedonista, a era da pós-verdade é o tempo do engano e da mentira, na medida em que os sujeitos estão propensos a aceitar como verdadeiro apenas o que tem convergência com suas crenças, possibilitando, assim, a proliferação de inverdades, de boatos; dando corpo a desinformação.

Se vídeos e telas são modos de distribuição de fake news (e aqui usamos o termo recorrente, embora não concordemos com ele, já que se é notícia é um fato apurado, checado e, portanto, sem a possibilidade de ser falso) também são conteúdo e espaço de informação, conhecimento e trocas, quando integram o espelho de telejornais, a medida que oferecem notícias submetidas à processos de qualificação. É nessa perspectiva que a Rede de Pesquisadores em Telejornalismo, a TeleJor, pensou a pesquisa conjunta – realizada em rede entre seus membros e outros pesquisadores que buscam integrar-se a ela – desse ano de 2022. Ou seja, que os esforços de pesquisa busquem demonstrar que, ao ser responsável pelo estabelecimento das normas e padrões para a produção de notícias em vídeo, chamados por Iluska Coutinho (2012) de "dramaturgia do telejornalismo", o jornalismo feito para telas é, simultaneamente, o caminho para o combate à desinformação e a prática que possibilita a valorização da notícia. Uma proposta em que não apenas o telejornalismo – enquanto prática profissional e área de pesquisa – ocupa lugar central. Mas um olhar para o jornalismo audiovisual a partir do sujeito, isto é, uma prática que influencia, constante e rotineiramente, nas nossas formas de sociabilidade, de ser e estar sujeito no mundo.

Proposição que possibilitará o lançamento, no mês de setembro desse ano, de duas coletâneas – os volumes 14 e 15 da Coleção Jornalismo Audiovisual. O primeiro, *Qualificação da informação telejornalística: propostas teórico-metodológicas de combate à desinformação*, é formado por três eixos. Na primeira parte, intitulada "Qualidade como princípio", são três textos; na segunda, "Qualidade nos fazeres", outros quatro; e a última, "Para qualificar o jornalismo nas telas", é formada por mais quatro artigos. No total, são 17 pesquisadores envolvidos com a pesquisa em rede que tem como princípio construir aparatos teórico-conceituais e instrumentos que contribuam para a qualificação da oferta e circulação de conteúdo audiovisual e noticioso. Desses autores, 16 são brasileiros e um é espanhol. Entre os brasileiros, sete atuam em instituições de ensino superior e pesquisa de estados do nordeste, quatro no sudeste, três no sul e duas no centro-oeste; além disso, 13 são mulheres e quatro são homens.

O volume 15, *Contra a desinformação, telejornalismo! Estratégias para a divulgação de notícias audiovisuais de qualidade* vai publicar estudos de caso em que o jornalismo para telas se enuncia como o lugar privilegiado para o combate à desinformação. Essa coletânea também é composta por três partes: "Múltiplas telas e fluxos na batalha contra a desinformação", "Telejornalismo local e regional" e "O Telejornalismo e o combate às pandemias de Covid-19 e de desinformação". A primeira e a segunda contam, cada uma, com seis artigos, e a última com cinco, totalizando 17 estudos desenvolvidos por 35 pesquisadores – 23 mulheres e 13 homens; 20 de instituições de ensino superior e pesquisa da região sudeste, 10 dos três estados do sul e cinco do nordeste.

Se hoje podemos lançar dois livros resultados de pesquisas em rede num mesmo ano (em 2021 e 2020 foram três) é porque a TeleJor, através de seus pesquisadores, tem construído, desde 2003, uma trajetória sólida, em que cada passo é pensado e planejado, e sua execução é avaliada frequentemente. Foi durante as duas primeiras edições do Encontro Brasileiro de Pesquisadores em Jornalismo, organizado pela SBPJor (Sociedade Brasileira de Pesquisadores em Jornalismo), que alguns cientistas da área notaram que o telejornalismo era, entre eles, um tema de interesse comum e sua importância reflexiva crescente. Assim, se no encontro de 2003, na Universidade de Brasília (UnB), foram quatro trabalhos sobre telejornalismo, no ano seguinte, na Universidade Federal da Bahia (UFBA), esse número mais que dobrou, sendo registrada a apresentação de 10 artigos que tinham como temática central o jornalismo audiovisual. Fato que levou a professora Iluska Coutinho a propor a primeira mesa coordenada do grupo no ano de 2005, no encontro realizado na Universidade Federal de Santa Catarina (UFSC), que teve como tema "Telejornalismo: diálogos teóricos", e ao grupo a implementar uma ideia da pesquisadora Beatriz Becker, dada ainda em 2003, de criar a Rede de Pesquisadores em Telejornalismo.

> O intenso e vigoroso debate serviu para mostrar o enorme desafio que se apresentava: era necessário aprofundar a pesquisa em telejornalismo e a melhor maneira de ampliar os horizontes seria a interlocução contínua e permanente entre os pesquisadores. Assim nasceu a concepção da Rede de Pesquisadores em Telejornalismo (PORCELLO, 2011, p. 46).

Assim, com a decisão pela criação da Telejor em 2005, foi no ano seguinte, na Universidade Federal do Rio Grande do Sul (UFRGS), sede do quarto Encontro do SBPJor, que teve início, oficialmente, o funcionamento da TeleJor, e este foi marcado pelo lançamento do primeiro livro do grupo – *Telejornalismo: a nova praça pública,* publicado pela Editora Insular, que viria ser parceira da Rede de Pesquisadores em Telejornalismo até os dias de hoje e organizado por Alfredo Vizeu, Flávio Porcello e Célia Ladeira.

Essas duas etapas – a criação da TeleJor e o primeiro livro – são resultados da compreensão de que o telejornalismo tornou-se, ao longo das décadas, o espaço privilegiado para as discussões sociais, culturais, políticas e econômicas, ganhando, portanto, um lugar central na sociedade brasileira do tempo presente. Segundo Flávio Porcello (2011), primeiro coordenador da TeleJor, uma síntese dos ideais que movem os integrantes da Rede de Pesquisadores em Telejornalismo está na introdução do primeiro livro lançado pelo grupo.

> "O telejornalismo ocupa hoje um lugar central na vida dos brasileiros", diz a introdução de Telejornalismo: a nova praça pública (Editora Insular, 2006), e acrescenta acentuando que "os telejornais são hoje a principal fonte de informação da sociedade brasileira: mais barata, mais cômoda e de fácil acesso". Por essa razão o telejornalismo deveria ser estudado de forma intensa e aprofundada e, como já dizíamos naqueles tempos iniciais, este foi apenas o primeiro de muitos passos que já demos e ainda deveremos dar em direção ao aprofundamento da pesquisa acadêmica para uma melhor qualidade do ensino e prática do telejornalismo (PORCELLO, 2011, p. 43-44).

A ancoragem entre pesquisa, ensino, prática e, também, extensão em telejornalismo, buscando o diálogo universidades-redações, segue sendo o pilar de trabalho da TeleJor que, em 2022, completa 17 anos. É esse o objetivo que nos move enquanto pesquisadores do jornalismo feito para ser distribuído em telas (Finger; Emerim; Cavenaghi, 2015 e 2017).

Nessa direção, a Rede de Pesquisadores em Telejornalismo, Rede Telejor, que completou 15 anos de existência em 2020, mantém uma constante defesa do telejornalismo como campo central de produção de conteúdo jornalístico audiovisual considerando suas possibilidades técnicas, estéticas e éticas como potenciais aos novos modelos e produtos construídos para as diferentes telas dos dispositivos móveis e computadores portáteis. A manutenção do termo telejornalismo para referir-se a qualquer tipo de produção de conteúdo jornalístico audiovisual distribuído para diferentes telas deve-se ao fato de que o termo tele – distância, refere-se a telas de visão, pois são elas que permitem a exibição das imagens em movimento (lembrando: tele – visão, visão à distância) e, a junção com jornalismo, que lhe confere todas as características e as exigências que conformam as reportagens ou outras produções jornalísticas. Nesta perspectiva, merece ainda destaque o fato de que na Rede Telejor o telejornalismo é objeto central das discussões, das pesquisas e das publicações, porém, a abordagem teórico metodológica e os preceitos de análise são amplos e refletem toda a diversidade e a pluralidade que as produções telejornalísticas, nas suas diferentes formas de concepção e existência, ofertam aos investigadores (EMERIM; PEREIRA, 2021, p. 174).

Nos primeiros anos, enquanto produzimos, buscamos, concomitantemente, organizar a rede, que teve como coordenadores Flávio Porcello (2006-2012), Flávio Porcello e Edna Mello (2013), Edna Mello e Cristiane Finger (2014-2015), Cristiane Finger e Cárlida Emerim (2016-2017), Iluska Coutinho e Cárlida Emerim (2018-2019), Cárlida Emerim e Ariane Pereira (2020-2021), e, no momento, Ariane Pereira e Edna Mello (2022-2023). Os primeiros anos, assim, foram marcados pelo fazer enquanto ainda se tateava e aprendia como empreender pesquisas em rede. Nesse período, foram publicados mais três livros: *A sociedade do telejornalismo* (Vozes, 2008); *40 anos de telejornalismo em rede nacional: olhares críticos* (Insular, 2009); e *60 anos de telejornalismo no Brasil: história, análise e crítica* (Insular, 2010). Outros momentos definidores são os anos de 2009, 2012, 2018 e 2020 e 2021.

Em 2009, é criado o Grupo de Pesquisa (GP) em Telejornalismo da Intercom (Sociedade Brasileira de Pesquisa Interdisciplinar em Comunicação). Naquele momento, quando a maior entidade científica da área da Comunicação da América Latina realizava uma reclivagem em seu modelo de aglutinação de pesquisas, a então vice-coordenadora da chamada DT (Divisão Temática) de Jornalismo, professora Iluska Coutinho, propôs a criação de um grupo específico para as pesquisas em jornalismo audiovisual. Desde então, foram apresentados, no GP de Telejornalismo, nos Congressos Nacional da Intercom, 415 artigos científicos (uma média de 32 trabalhos por ano), assinados por 594 autores. Entre esses pesquisadores estão doutores, doutorandos, mestres e mestrandos. Ao aproximar pesquisadores sêniores e outros em formação, o GP de Telejornalismo busca fomentar a pesquisa na área e fortalecer o campo com a participação de um número maior de pessoas interessadas nos estudos sobre a temática.

Exemplo disso é o ano de 2021, segundo da pandemia de Covid-19, quando 63 pesquisadores assinaram os 29 artigos apresentados no GP de Telejornalismo. Evidência, no nosso entendimento, em primeiro lugar, da centralidade (enquanto um locus de saber e de poder) assumida pelo jornalismo produzido para telas durante o período pandêmico; depois, da importância conferida a pesquisa em telejornalismo pelos pesquisadores da Comunicação; e, por fim, do papel desempenhado pela TeleJor desde o início da pandemia, quando a rede organizou lives, estimulou a participação de seus membros nos congressos mesmo que de modo remoto, e, sobretudo, pelo papel de vanguarda que assumiu ao propor ainda em março de 2019, concomitantemente à chegada do novo coronavírus ao Brasil, de pesquisa em rede que abordasse a inter-relação telejornalismo e pandemia, com a publicação de três coletâneas. Trabalho esse que rendeu ao GP de Telejornalismo a indicação, pelos sócios da Intercom, e a premiação como Grupo Emergente do Prêmio Luiz Beltrão de Ciências da Comunicação de 2021, outro dos nossos marcos. Para nós, o reconhecimento de um trabalho que

> privilegia a busca de conceitos, processos, metodologias de análises e estratégias de aplicabilidade de estudos e conteúdos resultantes destes esforços que possam ser empregados no ensino, na extensão e na pesquisa em telejornalismo, o jornalismo para as telas, como se assumiu definir o local de trabalho teórico da rede (Emerim; Finger, 2018, p. 178).

Um passo definitivo para a consolidação da TeleJor com uma rede de pesquisa foi dado em 2012, com a criação da coleção Jornalismo Audiovisual. Proposta por Alfredo Vizeu e operacionalizada por Flávio Porcello, a série de coletâneas tem livros publicados ano a ano numa parceria entre a Rede de Pesquisadores em Telejornalismo e a Editora Insular. Com isso, volume após volume – e em 2022 publicaremos os de número 14 e 15, nossas pesquisas ganharam corpo, relevância e unidade.

O primeiro volume, publicado em 2012, tem como título *O Brasil (é)ditado,* e foi organizado por Flávio Porcello, Alfredo Vizeu e Iluska Coutinho. No total, são 12 capítulos que abordam como a TV enuncia as identidades regionais e as raízes culturais brasileiras; os públicos e as audiências do telejornalismo; as linguagens e os formatos como estratégias para a construção de narrativas audiovisuais; e as relações entre telejornais e poder. Participam dessa coletânea 14 autores.

O volume 2 da Coleção Jornalismo Audiovisual – *#telejornalismo: nas ruas e nas telas* – foi lançado em 2013 e também contou com organização de Flávio Porcello, Alfredo Vizeu e Iluska Coutinho. O livro contou com a colaboração reflexiva de 16 autores, em 10 capítulos. No ano seguinte, *Telejornalismo em questão,* nosso terceiro volume, teve como organizadores Alfredo Vizeu, Edna Mello, Flávio Porcello e Iluska Coutinho. São 15 artigos, redigidos por 16 pesquisadores da área, que discorrem sobre as linguagens e as narrativas do telejornalismo; a tríade telejornalismo-audiência-poder; o telejornalismo como um produto para múltiplas telas, não se restringido às da TV; e que, ao recuperar o passado, buscam vislumbrar quais são os desafios desse jornalismo audiovisual.

No ano de 2015, os 65 anos da televisão no Brasil, são o mote para o volume 4, intitulado *Telejornal e praça pública*. A coletânea reúne 16 capítulos, referentes à pesquisas realizadas por 19 autores, que buscam enunciar o telejornalismo numa perspectiva histórica a partir de programas e de personagens, dos estilos de narrar e das coberturas emblemáticas, das práticas e da relação entre o fazer telejornalismo e a tecnologia.

O volume 5, lançado em 2016, é organizado por Cárlida Emerim, Cristiane Finge e Flávio Porcello e tem como título *Telejornalismo e poder*. Relação que é abordada por 23 autores em 17 capítulos, a partir de perspectivas como os modelos de poder no telejornalismo; a cobertura da editoria política pelos noticiários televisivos; e, aderindo a uma questão ainda muito atual, pertinente e necessária, os estudos de gênero como forma de questionar o poder masculino reproduzido pelos e nos telejornais. *Desafios do telejornalismo: ensino, pesquisa e extensão* é o título do sexto volume da Coleção Jornalismo Audiovisual, organizado por Cárlida Emerim, Cristiane Finger e Flávio Porcello no ano de 2017. Os modos de se ensinar telejornalismo e as possibilidades da área para a pesquisa e a extensão na graduação são tematizados por 21 autores em 13 capítulos.

A coletânea *Epistemologias do telejornalismo brasileiro* representa um salto qualitativo nos livros e para as pesquisas da TeleJor. Isso porque, é a partir desse volume, o de número 7, publicado em 2018, que pelo menos um livro anual da Rede de Pesquisadores em Telejornalismo tem como objetivo central pensar o telejornalismo teoricamente, formulando conceitos e metodologias que permitam que as pesquisas na área possam avançar. A obra, que esgotou rapidamente, é composta por 22 capítulos e contou com contribuições de

33 autores. Também conceitual, *Telejornalismo local: teorias e conceitos*, é publicado no ano seguinte. Esse volume 8, aborda o telejornalismo como informação de relevância social, na medida em que se configura como um território noticioso que possibilita/alavanca transformações na comunidade e, sobretudo, nos modos de se fazer jornalismo para telas. A obra conta com 15 artigos assinados por 26 pesquisadores, e é organizada por Iluska Coutinho e Cárlida Emerim.

2020 chega e com ele a pandemia do novo coronavírus. No momento em que todos estão em casa, com medo da doença, de sua gravidade e de seu alto índice de mortalidade, o telejornalismo ganha audiência e se firma como o local de disseminação de informação de qualidade, além de exaltar seu papel pedagógico ao assumir como atribuição orientar a população, o que deveria porém não foi (e não foi em nenhum momento da pandemia) exercido pelo Ministério da Saúde e pelo Governo Federal. Assim, é sobre o noticiar a pandemia que a TeleJor volta seu olhar e, numa iniciativa inovadora, em duas propostas que se concretizaram em três livros – dois pela coleção Jornalismo Audiovisual – o volume 9, *Telejornalismo 70 anos: o sentido das e nas telas,* com 16 capítulos que refletem teoricamente – a partir da perspectiva de 21 autores – sobre a história do telejornalismo e sobre a história narrada pelo noticiário audiovisual e, assim, vai construindo sentidos na e para a sociedade contemporânea; e o volume 10, *A (re)invenção do telejornalismo em tempos de pandemia,* que congrega 18 estudos empíricos sobre a prática telejornalística nesse momento de tantas incertezas e transformações sociais pela visão de 47 pesquisadores de todas as regiões do Brasil – e um em comemoração aos 15 anos da Rede de Pesquisadores em Telejornalismo – intitulada *Telejornalismo contemporâneo*, a coletânea reúne 18 artigos, assinados por 30 autores, que abordam as crises (como a da Covid-19) no telejornalismo e narradas por ele, bem como as transformações e as permanências motivadas por elas. Todos os três livros de 2020 têm organização de Cárlida Emerim, Ariane Pereira e Iluska Coutinho.

Em 2021, a TeleJor lançou outras três coletâneas, todas vinculadas à Coleção Jornalismo Audiovisual – *Teorias do telejornalismo como direito humano, Direitos humanos nas telas: reivindicações sociais e representações de sentido narradas pelo telejornalismo*; e *Telejornalismo e direitos humanos: pesquisas e relatos de experiências*, respectivamente volumes 11, 12 e 13. O primeiro, de caráter epistemológico, tem organização de Cárlida Emerim, Ariane Pereira e Iluska Coutinho, 14 artigos e 29 autores. O segundo – organizado por Cárlida Emerim, Ariane Pereira e Cristiane Finger – e o terceiro – organizado por Cárlida Emerim, Ariane Pereira, Edna Mello e Flávio Porcello – têm como proposta a publicação de estudos de caso/ empíricos e trazem, na ordem, 12 artigos de 28 autores; e 15 artigos de 26 pesquisadores. Os três livros têm como mote a correlação telejornalismo e direitos humanos – temática que mostrava-se (naquele momento e ainda hoje) fundamental na contemporaneidade tendo em vista algumas das principais reivindicações sociais em tempos pandêmicos – como o direito à saúde, seja através da vacina ou de atendimento digno; ou o direito à dignidade, tanto pelo emprego quanto pelo auxílio emergencial. Demandas sociais que têm como ancoragem a vida humana e que são amplificadas quando ganham status de notícia e, sobretudo, quando são registradas/disseminadas pelas telas (da TV ou dos dispositivos eletrônicos).

A coleção Jornalismo Audiovisual, acreditamos, reflete o percurso da TeleJor que, em seus 17 anos, mantém seu posicionamento em defesa do telejornalismo como campo central de produção de conteúdo jornalístico.

> O telejornalismo é nossa meta, e é o que nos une como uma rede de pesquisadores, pois, independente do suporte, da tecnologia, da cultura, das relações, das linguagens, o que está no cerne de nossas inquietações é como o jornalismo que se utiliza das imagens em movimento produzido e transmitido para qualquer plataforma vem atuando, inserindo-se ou reconfigurando-se na sociedade e na mídia contemporânea. Temos defendido que o telejornalismo não está mais restrito à televisão, sua produção de sentido, construída ao longo de décadas, invadiu outras telas, computador, tablets, celulares; e outros contextos como canais no youtube, redes sociais (Emerim; Finger, 2018, p. 179).

Essa característica mutável, dinâmica, versátil é que confere ao telejornalismo fascínio – tanto para quem assiste, como para quem faz, ensina e pesquisa. Assim, o que buscamos enquanto rede de pesquisadores é um olhar sempre atento a essas mudanças, já que as notícias audiovisuais interferem diretamente na vida das pessoas.

Conclusão

A TeleJor estabeleceu, ao longo de sua trajetória, conceitos e métodos de pesquisa em telejornalismo. Perspectiva epistemológica que favoreceu, também, olhares empíricos para o objeto jornalismo audiovisual. Pesquisas realizadas em rede, com temas definidos ano a ano de maneira conjunta, que fortaleceram a área com a inserção, constante, de novos pesquisadores e reflexões para esse objeto tão central no dia a dia dos brasileiros, que o consomem seja pela TV, celular, tablet ou computador.

É por isso que, apesar dos avanços, ainda temos muitos caminhos a percorrer. Um deles é a formatação e implantação de um prêmio próprio para teses, dissertações e iniciações científicas em telejornalismo. Premiação que deve receber o nome de nosso fundador, Flávio Porcello, morto em 2021, em virtude de agravamento da infecção por Covid-19. Também faz parte dos nossos planos para 2022 um e-book em homenagem a ele, com releituras realizadas por pesquisadores da TeleJor de pesquisas produzidas e publicadas por Porcello. Nossa pesquisa sólida em jornalismo para telas, nesse momento, também precisa se converter em conhecimento para amparar o ensino-aprendizagem de telejornalismo nas escolas de comunicação do país. Por isso, planejamos para 2023 um manual de telejornalismo.

Referências

ALVES, Bruno; PAVANELI, Maria Aparecida; OLIVEIRA, Ely. Rede de coautoria institucional em Ciência da Informação; uma comparação entre indicadores de rede e os conceitos CAPES. **Em Questão**, v. 20. n. 3, 2014, pp. 73-87. Disponível em: https://www.redalyc.org/pdf/4656/465645971006.pdf.

BALANCIERI, Renato; BOVO, Alexandre; KERN, Vinicius; PACHECO, Roberto; BARCIA, Ricardo. A análise de redes de colaboração Científica sob novas tecnologias de informação e comunicação:

um estudo na Plataforma Lattes. **Revista Ciência da Informação**, v. 34, n. 1, 2005. Disponível em: http://revista.ibict.br/ciinf/article/view/1103/1223.

COUTINHO, Iluska. **Dramaturgia do telejornalismo**: a narrativa da informação em rede e nas emissoras de televisão em Juiz de Fora-MG. Rio de Janeiro: Mauad X, 2012.

EMERIM, Cárlida; PEREIRA, Ariane. 15 anos da Rede: a potência do telejornalismo na diversidade das telas. In: SILVA, Marcos Paulo da; BACCIN, Alciane; STORCH, Laura. **Pesquisa em jornalismo e democracia em tempos de pandemia**. Brasília: SBPJor, 2021. Disponível em: http://sbpjor.org.br/sbpjor/wp-content/uploads/2016/04/Pesquisa-em-Jornalismo-e-Democracia-em-Tempos-de-Pandemia-1-1.pdf.

_____; FINGER, Cristiane. Telejornalismo: ensino e pesquisa. In: MARTINEZ, Mônica; LAGO, Cláudia; STORCH, Laura (Orgs.). **Direitos humanos e a pesquisa em jornalismo**. São José do Rio Preto, São Paulo: Balão Editorial, 2018.

_____; _____; CAVENAGHI, Beatriz. Metodologias da pesquisa em telejornalismo. **Sessões do Imaginário**, v. 22, n. 37, 2017. Disponível em: https://revistaseletronicas.pucrs.br/ojs/index.php/famecos/article/view/28073. Último acesso em 13 março 2022.

_____; _____; _____. Metodologias da pesquisa em Telejornalismo. **Anais 13. Encontro Nacional de Pesquisadores em Telejornalismo**. Campina Grande: SBPJor/UFMS, 2015.

OLIVEIRA, Edivaldo. Redes de colaboração em pesquisa e intercâmbio de conhecimento científico. **Revista Pan-Amazônica de Saúde**, v .9, n. 4, 2018. Disponível em: http://scielo.iec.gov.br/scielo.php?script=sci_arttext&pid=S2176-62232018000400001

PORCELLO, Flávio. Desafios, limites e possibilidades da Rede de Pesquisadores em Telejornalismo. BJR, vol. 7, n. 11, 2011.

WEISZ, J.; ROCO, M. C. **Redes de pesquisa e educação em engenharia nas américas**. Rio de Janeiro: Finep, 1996.

Territórios Comunicacionais Contemporâneos: as redes tecnológicas como metáforas da cidade

Giancarlo Couto[1], Leonardo Massera[2], Paola Casagrande[3], André Pase[4], Mágda Cunha[5], Eduardo Pellanda[6], Cristiane Freitas Gutfreind[7], Fabio La Rocca[8]

Introdução

Este artigo faz parte do projeto que pertence a um ambiente universitário em transformação. A PUCRS é referência em inovação e esta proposta pode auxiliar o panorama

---

[1] Doutorando em Comunicação Social pela PUCRS.

[2] Graduação em Publicidade e Propaganda pela Pontifícia Universidade Católica do Rio Grande do Sul (2020) e mestrando em Comunicação Social pela Pontifícia Universidade Católica do Rio Grande do Sul com bolsa M e D (CNPq).

[3] Mestranda em Comunicação Social pela PUCRS.

[4] Doutor, professor do Programa de Pós-Graduação da Escola de Comunicação, Artes e Design – Famecos da Pontifícia Universidade Católica do Rio Grande do Sul (PUCRS). Pesquisador do Laboratório de Pesquisa em Mobilidade e Convergência Midiática (Ubilab) e do Grupo de Pesquisa Jogos e Entretenimento Digital Interativo (Jedi). Bolsista de Produtividade em Pesquisa nível PQ-2 da Capes. Bolsista do programa Pesquisador Gaúcho da Fapergs.

[5] Jornalista, doutora em Letras pela PUCRS. Professora titular, Pesquisadora no Programa de Pós-Graduação em Comunicação Social e coordenadora de Pesquisa da Escola de Comunicação, Artes e Design – Famecos da Pontifícia Universidade Católica do Rio Grande do Sul (PUCRS).

[6] Professor Titular da PUCRS. Escola de Comunicação, Artes e Design. Mestre e Doutor em Comunicação pela mesma instituição. Coordenador do laboratório Ubilab Coordenador do HUB Plug do Tecnopuc.

[7] Doutora em Sociologia pela Université René Paris Descartes Sorbonne. Professora titular da Escola de Comunicação, Artes e Design – Famecos. Bolsista produtividade do CNP e líder do grupo de pesquisa Cinema e Audiovisual: comunicação, estética e política – Kinepoliticom (CNPq).

[8] Doutor em Sociologia pela Université René Paris Descartes. Professor na Université Paul Valéry – Montpellier 3. Grupo de pesquisa Cinema e Audio- visual: comunicação, estética e política – Kinepoliticom (CNPq).

da Comunicação na demanda principal da área no cenário contemporâneo: construção de novas formas de registrar o cotidiano e informar o público. A pesquisa atual pretende realizar esta proposição através de dois fronts principais: o "Mapeamento dos Territórios Comunicacionais Contemporâneos" e o "Registro dos Territórios Comunicacionais Contemporâneos"[9].

Desenvolvido no Mestrado, o projeto intitulado "Mapeamento dos Territórios Comunicacionais Contemporâneos" pretende investigar o que as cidades comunicam, mapeando os territórios comunicacionais contemporâneos, com seus traços, rastros e marcas singulares. O projeto "Registro dos Territórios Comunicacionais Contemporâneos", desenvolvido no Doutorado, busca analisar as lógicas particulares da comunicação nas cidades, a partir de sua anatomia de conexão, compreendendo formas de representação das cidades a partir da narração sobre elas. Conectado com o projeto de Mestrado, essa proposta visa produzir teses de Doutorado e produtos digitais que contribuam para a compreensão dos novos fluxos de informação na contemporaneidade.

Os passos do projeto serão registrados em um website dedicado aos dados da pesquisa, construindo um *work in progress* disponível para a comunidade interessada, sobretudo junto a outros pesquisadores. Além disso, serão realizados eventos com temática sobre os projetos e constante atualização da plataforma Locast. Desta forma, também será possível realizar intercâmbios de informações com parceiros internacionais, até mesmo para validação de protótipos e eventuais inserções em outros cenários.

---

[9] Esses projetos foram contemplados em edital de Mestrado e Doutorado do CNPq.

A cidade e seus caminhos de pesquisa

Pesquisas voltadas para a análise do ambiente urbano, suas representações, narrativas, imaginários e relações com as pessoas e as novas tecnologias aplicadas às cidades têm sido realizadas nas mais diversas áreas do conhecimento. Dos dados levantados a respeito das pesquisas brasileiras dentro da temática foram encontradas pesquisas realizadas por diversas instituições e em diversas cidades nas áreas de fotografia, literatura, ciências sociais, história, cinema, geografia, administração, arquitetura e turismo, além da Comunicação. Dentro de todas essas áreas, é possível definir duas categorias: narrativas urbanas e urbanização tecnológica.

Na categoria de narrativas urbanas, encontra-se uma série de estudos de diversas áreas acadêmicas. O estudo mais antigo levantado pelo estado da arte dentro da temática, denominado "Representações da cidade na narrativa brasileira pós-moderna: esgotamento da cena moderna?", foi realizado por Renato Cordeiro Gomes na PUCR/RJ. Outro trabalho é o de Regina Dalcastagnè realizado na área de literatura e publicado na Revista Ipotesi da Universidade Federal de Juiz de Fora (UFJF), chamado "Sombras da cidade: o espaço na narrativa brasileira contemporânea". Ainda considerando o contexto de narrativas em ambientes urbanos, Zita Rosane Possamai, publicou em 2007 um artigo pela Universidade Federal do Rio Grande do Sul (UFRGS) denominado "Narrativas fotográficas sobre a cidade".

Por fim, na categoria de narrativas urbanas, destacam-se também duas dissertações da área de história. A primeira, realizada em 2009 na Universidade de São Paulo (USP) por Rodrigo da Silva, intitulada "Sobre taipas e textos: um estudo sobre as narrativas a respeito da cidade de São Paulo", busca estudar o período de 1772 a 1953 da capital paulista. A segunda dissertação, de 2002, foi realizada por José Adilson Filho para a Universidade Federal de Pernambuco (UFP), sendo denominada "A cidade atravessada: velhos e novos cenários na política belojardinense", com o objetivo de investigar a influência de grupos políticos hegemônicos na cidade de Belo Jardim.

Na segunda categoria levantada – a urbanização tecnológica – a maioria dos trabalhos analisados pertence à área da comunicação, porém possui também exemplares de outras áreas do conhecimento. Na geografia, o trabalho "A Cidade Inteligente: uma reterritorialização", de autoria de Mauro José Ferreira Cury e Josiel Alan Leite Fernandes Marques, ambos da Universidade Estadual do Oeste do Paraná (Unioeste), foi publicado em 2016 pela Revista Redes. Da área da administração, Carlos Augusto Alperstedt Neto, Carlos Roberto de Rolt e Graziela Dias Alperstedt, da Universidade do Estado de Santa Catarina (Udesc), publicaram o estudo "Acessibilidade e Tecnologia na Construção da Cidade Inteligente" no ano de 2018. Ainda na temática de cidades inteligentes, mas dessa vez na área das ciências sociais, Marcos Cesar Weiss e Roberto Carlos Bernardes, ambos do Centro Universitário da Faculdade de Engenharia Industrial (FEI), juntamente a Flavia Luciane Consoni, da Universidade Estadual de Campinas (Unicamp), elaboraram o estudo chamado "Cidades inteligentes como nova prática para o gerenciamento dos serviços e infraestruturas urbanos: a experiência da cidade de Porto Alegre" em 2015.

Em 2011, Polise Moreira de Marchi, doutora em arquitetura e urbanismo pela Universidade de São Paulo (USP), publicou na Revista Brasileira de Gestão Urbana o trabalho

"Interface entre cidade e tecnologia: a experiência do espaço tecnológico". A pesquisa mais recente encontrada com essa temática, denominada "O instagramer e as tecnologias do imaginário no turismo: Avaliação da Relação Turista x Cidade, Aracaju-SE", foi realizada em 2021, na área de turismo, para a Revista Anais Semana Nacional de Ciência e Tecnologia (SNCT), pelos autores Adriano da Silveira Barros de Medeiros, Jaime José da Silveira Barros de Medeiros, Antenor Santos Carmo e Frederico Chaves Sampio Júnior. Finalmente, foram encontradas quatro pesquisas relevantes na área da comunicação relacionadas à categoria de urbanização tecnológica.

A mais antiga delas, realizada em 2004 por André Lemos, professor da Faculdade de Comunicação da Universidade Federal da Bahia (UFBA), chama-se "Cidade-ciborgue: a cidade na cibercultura", em uma pesquisa acerca de cibercidades. Lemos averigua as transformações que a cibercultura provoca nas cidades, as quais considera como cidades-ciborgues por sua intensa incorporação tecnológica.

Apenas dois anos mais tarde, em 2006, Rachel Fontes Sodré, da Universidade Federal do Rio de Janeiro (UFRJ), publicou pelo Congresso Brasileiro de Ciências da Comunicação o artigo "A comunicação na cidade: polifonia e produção de subjetividade no espaço urbano". A autora analisa os processos de comunicação que envolvem as cidades e seus respectivos signos, como suas estéticas, origens, fluxos humanos, comércio e símbolos em geral. Para Sodré, o viver social em um ambiente urbano mobiliza e produz memórias e componentes subjetivos de forma complexa.

Outro artigo publicado pelo Congresso Brasileiro de Ciências da Comunicação, dessa vez em 2017, por Arion Fernandes e Juliana Petermann, da Universidade Federal de Santa Catarina (UFSC), chama-se "Cidade Mídia: uma reflexão sobre a cidade como meio de comunicação". Nessa proposta, o ambiente urbano é visto como um meio de comunicação e, portanto, pode ser tratado como mídia. Os autores analisam a produção e circulação de mensagens a fim de compreender os processos de comunicação que têm origem nas interações sociais dos cidadãos dentro de sua cidade. Por fim, Denise da Costa Oliveira Siqueira, da Universidade do Estado do Rio de Janeiro (UERJ), propôs em 2010 um estudo chamado "Os jovens e suas telas pós-modernas: reflexões em torno da cidade, do imaginário e da tecnologia". Publicado na revista portuguesa Comunicação e Sociedade, o artigo explora as relações dos videoclipes consumidos pelo público jovem urbano em telas portáteis com o espaço das cidades, seus signos e o imaginário que eles constroem.

Esse recorte consegue mostrar alguns padrões e tendências dentro da temática abordada, com áreas de pesquisa relacionadas aos ambientes urbanos manifestando grande heterogeneidade. Apesar da maioria dos trabalhos encontrados serem da Comunicação e das Ciências Sociais, foram identificadas diversas outras pesquisas em outras áreas do conhecimento, a maioria delas dentro das Humanidades.

Esta conexão entre áreas reforça a pertinência do tema. É possível perceber isso a partir da perspectiva desenvolvida por Fabio La Rocca (2018) e sua percepção a partir do olhar da sociologia. Em sua obra, parte da constatação sobre o ritmo atual das cidades para formações profundamente vinculadas com a comunicação, conforme será explorado adiante.

Assim, a seguir propomos, então, as nossas contribuições acerca desse debate.

Mapeamento dos Territórios Comunicacionais Contemporâneos

O projeto intitulado "Mapeamento dos Territórios Comunicacionais Contemporâneos", desenvolvido no Mestrado, tem como perspectiva a vida atual, que tece a sua rede principalmente nos espaços urbanos, com suas malhas viárias e de circulação de dados, intensas ou saturadas, e suas conexões complexas de sentidos. A primeira consequência disso é uma cadeia de relações comunicacionais articulada em múltiplas camadas: imaginários, laços sociais, produção de sentido, ideologias tecnicistas, remodelações profissionais, novas formas de convivência, modalidades inéditas de interação, reconfiguração dos modos tradicionais de organização das hierarquias sociais e funcionais, ocupação de espaços de fala e consagração de lugares de enunciação.

Calvino (1990) afirma que a cidade é feita das relações entre as medidas de seu espaço e os acontecimentos do passado. A cidade é um ambiente em que a relação entre o indivíduo e o espaço que o circunda estabelece memórias, afinidades e contrastes. Todavia, ao contrário do que afirma o autor, a cidade não permanece imutável, desfaz-se e desaparece. Os espaços urbanos são vivos, abertos à intervenções, desejem ou não seus planejadores. Sennett (2018), ao descrever historicamente alguns conceitos sobre a cidade, demonstra que o planejamento e a construção do ambiente são uma coisa, a relação das pessoas com este espaço, outra. E é na reunião de variáveis, mediadas pela comunicação, que os sujeitos estabelecem suas relações com as cidades.

Lynch (1997) aponta que o design de uma cidade é uma arte temporal, mas raramente pode usar as sequências controladas e limitadas de outras artes temporais, como a música:

"Em ocasiões diferentes e para pessoas diferentes as sequências são invertidas, interrompidas, abandonadas e atravessadas" (1997, p. 1). Cada cidadão faz associações com alguma parte de sua cidade e a imagem de cada um fica impregnada de lembranças e significados. Ou seja, a narrativa aqui tem um papel fundamental, pois mesmo que as cidades não mudem fisicamente, seus pontos podem passar a ter novos significados a partir de existências individuais de cada sujeito.

É no cruzamento da circulação pelos espaços urbanos e graças ao uso de múltiplas ferramentas, entre as quais tecnologias de comunicação, que este projeto será desenvolvido. Pretendemos observar como a relação das pessoas com a cidade muda por conta das múltiplas plataformas e canais para narração e serviços. Desta forma, é possível questionar qual o perfil de cidadão que constrói estratégias para sua vida nos centros urbanos, narrando, mas também usufruindo dos mais diversos ambientes. Se as cidades haviam se tornado acessíveis pela informação, hoje são mais acessíveis pela oferta de alternativas de vivência, inclusive graças às novas tecnologias transformadas em táticas para os usuários.

Assim, este projeto tem como objetivo geral investigar o que as cidades comunicam e mapear os territórios comunicacionais contemporâneos, com seus traços, rastros e marcas singulares. Além disso, nossa proposta tem como objetivos específicos os seguintes: observar as intervenções urbanas que possam ser descritas como cruzamento do planejamento urbano e da comunicação; mapear as intervenções urbanas de parte dos sujeitos, a fim de solucionar problemas de informação nas cidades; mapear as ferramentas de comunicação usadas por planejadores e usuários nas cidades; fornecer informações para o desenvolvimento de aplicações voltadas para o registro do cotidiano, em consonância com o projeto "Registro dos Territórios Comunicacionais Contemporâneos".

No momento do surgimento dos primeiros smartphones, o PPG em Comunicação Social realizou duas séries de ações junto ao Massachusetts Institute of Technology para o uso da aplicação do Locast, em Porto Alegre. A plataforma permitia o registro de informações em texto, foto, áudio e vídeo, a partir dos dispositivos móveis, com publicação geolocalizada (PELLANDA & CASALEGNO, 2010). Em 2009, a iniciativa contou com o apoio do jornal Zero Hora, inclusive com a participação de repórteres, ao longo do projeto. Na outra iteração, em 2013, alunos construíram rotas temáticas pelas ruas de Porto Alegre. A proposta atual busca resgatar a plataforma, adaptando suas ideias para os hábitos atuais. Assim, se, antes, observávamos os comportamentos em ruas, sinalizações e placas que formavam esta interface com o mundo ao redor, agora é preciso também observar as relações com os aparelhos e os ambientes digitais utilizados no cotidiano.

Dessa maneira, esses projetos preveem o desenvolvimento de estratégias para registrar e estudar esta cidade construída de formas diversas. A pesquisa do nível de Mestrado irá auxiliar a proposta para o Doutorado, no estudo e detecção destas novas formas para se compreender o cenário urbano, utilizando o olhar sociológico de um pesquisador parceiro (LA ROCCA, 2018) como ponto de partida para perceber as intervenções urbanas. Este material formará a base para a construção das aplicações previstas no outro nível.

A principal estratégia de execução deste projeto é abrir focos de pesquisa nas duas linhas do nosso Programa, estabelecendo relações entre as temáticas privilegiadas em cada grupo: de um lado, os imaginários e a produção de sentidos, como a memória e a tecnocultura; de outro, as reconfigurações profissionais e das organizações, como as práticas narrativas. Como resultados, pretende-se alcançar um diagnóstico dos territórios comunicacionais na atualidade, através de repositórios tecnológicos mencionados anteriormente, além da publicação de um website, com os passos das pesquisas. Esse website funcionará como ferramenta de divulgação dos resultados das pesquisas, de parcerias e avanços, bem como compartilhamento do conhecimento com a sociedade.

Registro dos Territórios Comunicacionais Contemporâneos

O projeto "Registro dos Territórios Comunicacionais Contemporâneos" parte do pressuposto de que a nova realidade tecnológica consolida sociedades da informação e da comunicação no espaço urbano, através das suas atualizações físicas e representações digitais. Conectado com o projeto "Mapeamento dos Territórios Comunicacionais Contemporâneos", esta proposta busca produzir teses de Doutorado e produtos digitais que contribuam para a compreensão dos novos fluxos de informação na contemporaneidade. No cenário atual, dados são disseminados em quantidades jamais vistas antes, o que demanda organização e reflexão sobre o que dizem. A pesquisa em Comunicação precisa escutar as falas que ecoam nas redes de todos os tipos que organizam o cotidiano, focando nos diálogos que se estabelecem na cidade formada por múltiplas redes.

O objetivo geral do projeto é analisar as lógicas particulares da comunicação nas cidades, a partir de sua anatomia de conexão, compreendendo formas de representação das cidades a partir da narração sobre elas. Transformar a percepção sobre a cidade em movimento em aplicativo para dispositivos móveis. Além disso, temos como objetivos específicos os seguintes: compreender, na relação com a cena urbana, as transformações nas formas de comunicação que fazem da época atual a era por excelência da comunicação; observar as apropriações da tecnologia nos espaços urbanos e em ambientes diversos; produzir uma aplicação para registro e publicação em dispositivos móveis de rastros urbanos contemporâneos; adaptar uma ferramenta para o contexto nacional, tornando a Universidade e o país como referência no uso de comunicação geolocalizada; formar jovens pesquisadores capazes de atuar na área da Comunicação aptos também para o desenvolvimento de produtos tecnológicos; fomentar o intercâmbio de informações com os discentes de Mestrado, através da vinculação com o projeto "Mapeamento dos Territórios Comunicacionais Contemporâneos"; e apoiar o desenvolvimento de start-ups oriundas da pesquisa em Comunicação.

A cidade é feita de múltiplas redes: rede elétrica, rede de abastecimento de água, rede de esgotos, rede escolar, rede viária, rede de telefone, rede de mercados ou supermercados, etc. Sem contar a rede política, a rede social, a rede cultural, a rede de relacionamentos, a rede de mídia etc. Mas o problema de boa parte das cidades que constituem a rede de países pobres ainda é a deficiência de redes, não o excesso. No Brasil, mais de 50% da população ainda não tem rede de esgotos, por exemplo. Ao mesmo tempo, ainda existe em ação, na contramão do anonimato das relações modernas, uma rede fortíssima, social, tradicional, de convivência, de parentesco, de ajuda mútua, de comunicação interpessoal e solidariedade intensa. Essas contradições, no entanto, proliferam e suscitam questionamentos.

As redes tecnológicas são, portanto, metáforas de cidades. Na vivência cotidiana, na relação com as redes e com a cena urbana, os sujeitos narram e abastecem o ecossistema, num processo pelo qual pautam e são pautados. No entanto, mesmo em tempos de extrema comunicação, as cidades evidenciam total despreparo para eventos e crises, a exemplo do que o mundo observa durante a pandemia do SARS-CoV-2. A isto somamos outra pergunta de investigação que busca observar as transformações no cotidiano urbano. Por que a compreendemos como algo relacionado? Como se constituirão as comunidades, se os sujeitos assinarem entregas de alimentos por conta de sistemas de inteligência que acompanharão as demandas? As soluções de vida e comunicação nas cidades serão capazes de contemplar amplamente tais comunidades? Precisamos (re)aprender a ouvir os sinais urbanos, sejam emitidos por cidadãos ou agentes autômatos. O fluxo de pessoas e veículos também é um fluxo de dados, convertidos em informações e notícias. Assim, este projeto busca compreender este movimento contemporâneo.

O sentido dado às cidades é o que torna a percepção dos sujeitos relevante. Isto porque é nas cidades, como afirma Bauman (2009, p. 78), onde vive atualmente mais da metade do "gênero humano". Elas são, de certa maneira, os depósitos onde se descarregam os problemas criados e não resolvidos no espaço global. São depósitos, sob muitos aspectos, como o fenômeno global de poluição do ar e da água: "a administração municipal de qualquer cidade deve suportar suas consequências, deve lutar apenas com os recursos locais para limpar as águas, purificar o ar, conter as marés" etc. Tudo recai sobre a população local, sobre a cidade, sobre o bairro.

A afirmação de Bauman aponta para a necessidade de construção de estratégias práticas de sobrevivência em cidades que historicamente resultam da conformação do campo, reunindo aqueles que vieram de fora, em condições urbanas muitas vezes não satisfatórias. Trata-se, em certa dimensão, de uma comunidade que precisa localizar meios de superação, para solucionar localmente os problemas globais. Redes sociais e plataformas tecnológicas para a narração compartilhada são recursos que podem estar inseridos para proporcionar uma inclusão narrativa.

Este projeto parte de tais reflexões para, não apenas compreender a cidade contemporânea e em rede, mas para também formar um novo nó de referência para aqueles que buscam compreender e comunicar. Assim, o projeto prevê o desenvolvimento de uma aplicação para dispositivos móveis que servirá como uma espécie de dial, cujo usuário irá utilizar para captar e entender emissões de informações e dados ao seu redor. A partir de variáveis para registro e acompanhamento levantadas pelo projeto de Mapeamento dos Territórios Comunicacionais Contemporâneos, será desenvolvida uma aplicação nos moldes da rede Locast, produzida pelo Design Lab, outrora Mobile Experience Lab, do Massachusetts Institute of Technology (MIT DESIGN LAB, 2009).

Esta experiência contou com duas iterações, a primeira em 2009, e outra em 2013, como já mencionado anteriormente. Enquanto na experiência de 2009 a parceria se estabeleceu com a Zero Hora e a operadora de telefonia móvel TIM, explorando o mundo das notícias, em 2013, através de um aplicativo, informações sobre eventos da cidade eram registradas em um mapa, com o uso de estratégias de geolocalização. É interessante observar que esse expediente é utilizado atualmente por serviços de mapas (Google Maps), transportes (Uber, BlaBlaCar) e navegação (Waze), mas não para o conteúdo noticioso ou, até mesmo, eventos ao redor. Além de ouvir a cidade, de fornecer insumos para o estudo da comunicação atual, este projeto possui potencial também para aplicações como o registro de notícias, através de formatos que complementam o estado atual do Jornalismo.

Nossa estratégia de execução está ancorada nas duas linhas de pesquisa do nosso Programa. Os discentes envolvidos terão como objetivo transformar as informações coletadas pelos alunos de Mestrado em insumos para o desenvolvimento da aplicação, além de observar o impacto do uso do produto junto a usuários, trabalho realizado a partir dos protótipos. Para a observação das mudanças na comunicação, o projeto pretende contar com a participação das instituições parceiras e a investigação ocorrerá nas cidades de Porto Alegre, Boston e Montpellier. Entendemos aqui que, ao descrevermos transformações em três culturas diferentes, será possível obter um diagnóstico das alterações cotidianas da comunicação da/na cidade.

Os resultados esperados concentram-se na construção de uma solução tecnológica de comunicação, com impacto social concreto e que contribua para a melhoria efetiva das condições de vida nos diferentes ambientes. Isto será realizado sobretudo a partir da atualização da plataforma Locast e do mesmo website utilizado para a pesquisa de Mestrado. Os egressos vinculados com a proposta também farão parte do programa Famecos Start-Ups (FAST), vinculado ao parque tecnológico da Universidade, tendo o laboratório Ubilab como mais uma engrenagem desta pesquisa. Por fim, outro resultado esperado é a realização de eventos com temática ligada ao projeto, durante o andamento da pesquisa.

Conexões e territórios futuros

A pandemia da Covid-19 nos isolou do convívio físico em nome da sobrevivência. O que era digno dos filmes de ficção científica ocorreu e foi necessário para a sobrevivência do homem. Metrópoles conhecidas pelo trânsito intenso acabaram vazias em poucos dias (Gartsbeyn, 2020). Deixamos as cidades de lado e, desta triste forma, percebemos o quão importante são os trajetos diários, mesmo os rotineiros. A vida sintética da tela não é a vida que pulsa, em um ritmo caótico algumas vezes até irritante, mas parte da nossa existência em comunidade.

Ao passo que câmeras e telas permitiram a permanência do nosso diálogo, os lares tornaram-se cenários de chamadas e até mesmo dos telejornais. As notícias tornaram-se ainda mais importantes, pois permitiram saber o que estava acontecendo nos locais da nossa convivência. A informação percorreu os caminhos triviais que não eram mais possíveis para os cidadãos.

Em uma espécie de pausa abrupta dos fluxos diários, também percebemos o quanto dependemos de informações para a nossa coexistência. Sejam dados sobre a temperatura, a distância até o trabalho ou o tempo previsto para uma entrega, identificamos mais uma vez o que Mitchell (2003) observara há quase duas décadas, no início da mobilidade urbana marcada por dispositivos móveis ubíquos: a cidade e seus habitantes estão conectados também pelos fluxos de dados.

La Rocca (2018) nos auxilia a prosseguir na observação deste território em expansão física e virtual. Os superlugares, localidades marcadas por uma determinada característica (moda e negócios, entre outros), foram construídos pelas dinâmicas de comunicação e consumo que formam e são formadas pelo imaginário dos cidadãos. A emergência da hype city é um novo ciclo de aceleração neste processo, fato que destaca a necessidade de compreender os territórios pelo prisma da Comunicação.

Ruas e praças tornaram-se dados, números, em uma espécie de "multipalco" com diversos espetáculos da vida cotidiana acontecendo simultaneamente e conectados entre si. Celulares e cartazes informam, mas também carros e bicicletas emitem sinais captados por sensores e transmitidos por aparelhos, em mapas atualizados em tempo real. O planejamento urbano é construído e reconstruído por dados sem que seus construtores percebam enquanto percorrem seus diversos caminhos.

Este artigo reforça a principal finalidade dos projetos apresentados, pois entende que a Comunicação contemporânea demanda compreender o quanto a cidade "fala" das mais diversas formas. Se aos poucos sensores e outras formas de automação substituem agentes humanos, até mesmo em nome da cidadania e da mobilidade, precisamos atuar neste território para construir um contexto urbano permeado pelo digital, que valorize a sobrevivência do homem para além da poluição ambiental e informacional.

Estes projetos pretendem consolidar a produção científica do PPGCOM em áreas nas quais já é referência nacional e internacional, assim como aprimorar os acordos com os parceiros internacionais. A aplicação desenvolvida poderá ser instalada em outros cenários, por pesquisadores ou profissionais da área, resultando em novas iterações do projeto e interações com novos parceiros.

Além disso, a presente pesquisa também se soma ao projeto apresentado pelo PPGCOM, da Escola de Comunicação, Artes e Design, ao edital Capes-PRINT "Comunicação e as cidades: espaços e dinâmicas de trocas sociotecnológicas", dentro do Projeto de Cooperação "Tecnologia e sociedade num mundo globalizado e em crise".

Cabe recordar que esta outra investigação tem como objetivo compreender as trocas de informação e a narração nas cidades, a partir do olhar centrado nas formas como as plataformas digitais influenciam dinâmicas sociais. Este trabalho é realizado em conjunto com as universidades MIT (EUA) e Paul Valéry Montpellier-3 (França). Desta forma, não almejamos apenas impacto na qualificação do PPGCOM, mas do protagonismo da Comunicação no contexto contemporâneo.

Referências

ADILSON FILHO, José. **A cidade atravessada** – Velhos e novos cenários na política belojardinense (1969-2000). Dissertação (Mestrado em História) – Centro de Filosofia e Ciências Humanas, Universidade Federal de Pernambuco. Pernambuco, p. 135. 2002.

ALPERSTEDT, Graziela Dias; ALPERSTEDT NETO, Carlos Augusto; ROLT, Carlos Roberto de. **Acessibilidade e Tecnologia na Construção da Cidade Inteligente.** Revista de Administração Contemporânea, João Pessoa, v. 22, n. 2, mar./abr. 2018. Disponível em: <https://www.scielo.br/j/rac/a/wtPDbvxF9Sd4pwHRrfyntVk/?lang=pt&stop=next&format=html>. Acesso em: 02 mar. 2022.

BAUMAN, Zygmunt. **Confiança e medo na cidade.** Rio de Janeiro: Jorge Zahar, 2009.

BERNARDES, Roberto Carlos; CONSONI, Flavia Luciane; WEISS, Marcos Cesar. **Cidades inteligentes como nova prática para o gerenciamento dos serviços e infraestruturas urbanos**: a experiência da cidade de Porto Alegre. Revista Brasileira de Gestão Urbana, Curitiba, v. 7, n. 3, set./dez. 2015. Disponível em: <https://www.scielo.br/j/urbe/a/7PPdkzYV9xCL4kR4RbbPjMv/?lang=pt>. Acesso em: 02 mar. 2022.

CALVINO, Ítalo. **As cidades invisíveis.** São Paulo: Companhia das Letras, 1990.

CARMO, Antenor Santos; MEDEIROS, Adriano da Silveira Barros de; MEDEIROS, Jaime José da Silveira Barros de; SAMPIO JÚNIOR, Frederico Chaves. **O Instagramer e as Tecnologias do Imaginário no Turismo**: Avaliação da Relação Turista x Cidade, Aracaju-SE. Revista Anais Semana Nacional de Ciência e Tecnologia, Aracaju, v. 2, n. 1, 2021. Disponível em: <https://aplicacoes.ifs.edu.br/periodicos/SNCT/article/view/1019>. Acesso em: 02 mar. 2022.

CURY, Mauro José Ferreira; MARQUES, Josiel Alan Leite Fernandes. **A Cidade Inteligente**: uma reterritorialização. Redes – Revista do Desenvolvimento Regional, Santa Cruz do Sul, v. 22, n. 1, p. 102-117, 2016. Disponível em: <https://online.unisc.br/seer/index.php/redes/article/view/8476>. Acesso em: 02 mar. 2022.

DALCASTAGNÈ, Regina. **Sombras da cidade**: o espaço na narrativa brasileira contemporânea. Ipotesi – Revista de Estudos Literários, Juiz de Fora, v. 7, n. 2, p. 11-28, jul./dez. 2003. Disponível em: <https://periodicos.ufjf.br/index.php/ipotesi/article/view/19299>. Acesso em: 02 mar. 2022.

FERNANDES, Arion; Petermann, Juliana. **Cidade Mídia**: uma reflexão sobre a cidade como meio de comunicação. In: CONGRESSO BRASILEIRO DE CIÊNCIAS DA COMUNICAÇÃO, 40., 2017, Curitiba. Disponível em: <https://portalintercom.org.br/anais/nacional2017/resumos/R12-2506-1.pdf>. Acesso em: 02 mar. 2022.

GARTSBEYN, Mark. **See Boston's empty streets from above in this eerie drone footage**. Boston.com, Boston, 19 de março de 2020. Disponível em https://www.boston.com/news/local-news/2020/03/19/empty-streets-boston-from-above-drone-footage-coronavirus-pandemic/. Acesso em 3 de março de 2022.

GOMES, Renato Cordeiro. **Representações da cidade na narrativa brasileira pós-moderna**: esgotamento da cena moderna?. Revista Alceu, Rio de Janeiro, v. 1, n. 1, p. 64-74, jul./dez. 2000. Disponível em: <http://revistaalceu-acervo.com.puc-rio.br/media/alceu_n1_Renato.pdf>. Acesso em: 02 mar. 2022.

LA ROCCA, Fabio. **A cidade em todos as suas formas**. Porto Alegre: Sulina, 2018.

LEMOS, André. **Cidade-ciborgue**: a cidade na cibercultura. Galáxia – Revista do Programa de Pós-Graduação em Comunicação e Semiótica, São Paulo, n. 8, p. 129-148, out. 2004. Disponível em: <https://revistas.pucsp.br/index.php/galaxia/article/view/1385>. Acesso em: 02 mar. 2022.

LYNCH, K. **A imagem da cidade**. São Paulo: Martins Fontes, 1997.

MARCHI, Polise Moreira de. **Interface entre cidade e tecnologia**: a experiência do espaço tecnológico. Revista Brasileira de Gestão Urbana, Curitiba, v. 3, n. 1, p. 27-39, jan./jun. 2011. Disponível em: <https://www.redalyc.org/pdf/1931/193118893003.pdf>. Acesso em: 02 mar. 2022.

MITCHELL, William. **ME++**. Cambridge: MIT Press, 2003.

MIT DESIGN LAB. **Open Source Digital Platform for Geo-Based User-Generated Content**. Disponível em: https://design.mit.edu/projects/open-locast-framework. Acesso em: 10 ago. 2020.

NIEBORG, David; POELL, Thomas. **The platformization of cultural production**: Theorizing the contingent cultural commodity. New Media & Society, v. 20, n. 11, p. 4275-4292, 2018. Disponível em: https://doi.org/10.1177%2F1461444818769694. Acesso em: 10 ago. 2019.

OPEN LOCAST. Disponível em: https://github.com/mitmel/OpenLocast-Web. Acesso em: 10 ago. 2020.

PELLANDA, Eduardo; CASALEGNO, Federico. **Locast Civic Media**: internet móvel, cidadania e informação hiperlocal. Porto Alegre: Edipucrs, 2010.

POSSAMAI, Zita Rosane. **Narrativas fotográficas sobre a cidade**. Revista Brasileira de História, São Paulo, v. 27, n. 53, jun./ago. 2007. Disponível em: <https://www.scielo.br/j/rbh/a/z6sbRJsW5F7xvmCzR9D9cFk/abstract/?lang=pt#>. Acesso em: 02 mar. 2022.

SENNETT, Richard. **Construir e habitar**. Ética para uma cidade aberta. Rio de Janeiro: Record, 2018.

SILVA, Rodrigo da. **Sobre taipas e textos**: um estudo sobre as narrativas a respeito da cidade de São Paulo (1772 e 1953). Dissertação (Mestrado em História) – Faculdade de Filosofia, Letras e Ciências Humanas, Universidade de São Paulo. São Paulo, p. 303. 2010.

SIQUEIRA, Denise da Costa Oliveira. **Os jovens e suas telas pós-modernas**: reflexões em torno da cidade, do imaginário e da tecnologia. Revista Comunicação e Sociedade, Braga, v. 17, p. 39-50, 2010. Disponível em: <https://revistacomsoc.pt/article/view/1514>. Acesso em: 02 mar. 2022.

SODRÉ, Rachel Fontes. **A comunicação na cidade**: polifonia e produção de subjetividade no espaço urbano. In: CONGRESSO BRASILEIRO DE CIÊNCIAS DA COMUNICAÇÃO, 29., 2006, Brasília. Disponível em: <www.portcom.intercom.org.br/pdfs/10000694613 1022084276719225645852218150.pdf>. Acesso em: 02 mar. 2022.

VAN DIJCK, José; POELL, Thomas & DE WAAL, Martijn. **The platform society**: Public values in a connective world. Oxford: Oxford University Press, 2018.

Los retos de la investigación en comunicación en la "covidianidad"[1]: transformaciones en la cultura digital, la vida social y las democracias

Os desafios da pesquisa em comunicação na "covidianidade": transformações na cultura digital, na vida social e nas democracias[2]

Mágda Rodrigues da Cunha[3], Daniel Barredo Ibáñez[4]
e Jorge Alberto Hidalgo Toledo[5]

Os desafios das investigações em comunicação digital não são recentes e nem provocados pela pandemia da Covid-19. Relações interpessoais, ensino, consumo em ampla escala foram possíveis por conta de uma existência que já era digital,

---

[1] As reflexões apresentadas neste texto consideram os desafios da investigação em comunicação a partir de uma vivência dos sujeitos em um cotidiano, no qual a Covid-19 está presente. Por isso, apontam que as transformações ocorrem no cenário que definem como "covidianidade" ou "covidianidad".

[2] Texto produzido em espanhol e português, contemplando os idiomas originais dos pesquisadores.

[3] Professora titular, Pesquisadora e Coordenadora de Pesquisa na Escola de Comunicação, Artes e Design/PUCRS. Full Professor, Researcher and Research Coordinator at School of Media Communication, Arts and Design – Famecos – Pontifical Catholic University RS.

[4] Profesor de carrera en la Universidad del Rosario (Colombia). Coordinador del Grupo de trabajo en Comunicación digital, redes y procesos, de la Asociación Latinoamericana de Investigadores de la Comunicación. Investigador invitado en el Fudan Development Institute de la Fudan University (China).

[5] Doctor en Comunicación Aplicada e professor de la Universidad Anáhuac; Miembro del Sistema Nacional de Investigadores Nivel 1. Vicepresidente Universitario de la Academia Mexicana de la Comunicación (2015-2022) y Presidente del Consejo Nacional para la Enseñanza e Investigación de las Ciencias de la Comunicación, CONEICC (2012-2015).

em certa medida. No entanto, se as vivências mediadas facilitaram e proporcionaram uma vida na mídia (Deuze, 2012), definem um ambiente de complexidade que deixa um legado com novas frentes e relações a serem observadas.

Essa existência se constrói com base no surgimento de novas mídias que mudam a cobertura midiática de diferentes setores como política, esportes ou religião e ao mesmo tempo expandem-se para outras áreas, incluindo o espaço privado (Scolari, 2021). É cada vez mais difícil localizar aspectos da vida social e individual que não sejam mediados.

> La web se convirtió en el caldo de cultivo de la mayor parte de las experiencias mediáticas digitales: Facebook, Wikipedia, YouTube, Twitter... todas nacieron en la web. Solo en los últimos años las "new things" comenzaron a aparecer fuera del entorno web, bajo forma de aplicaciones móviles (WhatsApp, TikTok, etc.). Ahora bien, estos medios modificaron los procesos de mediatización de manera profunda. En el mundo anterior a la web las principales experiencias de mediatización se daban en los medios impresos, la radio y la televisión. Ahora el espectro de medios, procesos y experiencias es enorme. La creciente complejidad del ecosistema mediático, que corre paralela a la complejización de la vida social, es quizá el rasgo distintivo de nuestro tiempo" (Scolari, 2021, p.176)

Ao reconhecermos, a partir de Scolari (2021), o contexto que se mostrava desafiador e que soma outras camadas a partir das apropriações durante a pandemia, entendemos que novos olhares devem ser lançados para a pesquisa em comunicação digital no desenho que aqui denominamos "covidianidade" ou "covidianidad", em um encontro cultural, linguístico e de reflexão sobre o legado para as investigações da área naquele que será o pós-pandemia. Os autores, nesta reflexão teórica, entendem que há três eixos fundamentais que devem nortear a análise: mudanças na vida social e na cultura, na política e nas democracias e na própria comunicação, especialmente nas abordagens que serão feitas dos objetos de estudo. São perspectivas relacionadas, uma vez que se desenham em um cotidiano complexo da pandemia.

Covidianidad y cambios en la hipermediatización de la vida social y la cultura

Los contextos sociales, económicos, políticos y culturales han cambiado. Se han reconfigurado las distintas estructuras, instituciones y ecosistemas mediáticos (Hjarvard, 2013). Todo está mediatizado; la comunicación redimensionó todos los ámbitos de la vida; experiencias, saberes y articulaciones sociales están cada vez más mediadas. Interfaces de mediación y articulación social están generando cambios estructurales en las relaciones, cogniciones e interacciones humanas. Derivado de la interacción entre medios, hipermedios, industrias tecnológicas, culturales y de entretenimiento se han afectado las dimensiones físicas, virtuales, mentales y simbólicas diluyendo la frontera entre el ciberespacio y el territorio físico, haciéndolo cada vez más difuso, móvil, itinerante, fluido, convergente, híbrido y emergente (Hidalgo Toledo, 2018). El ser digital es una forma de experimentar y vivir el cambio cultural, social, económico, político, religioso y tecnológico.

La contingencia sanitaria, derivada de la pandemia fruto del Covid-19, hizo evidente esta condición de hipermediatización de la vida y la cultura (Fernández, 2020). Hoy los medios e hipermedios se colocan como subestructuras que están soportando a todas las estructuras; desde ellos se construyen las prácticas performativas identitarias articulándose como formas estructurales, instituciones, tecnología y fábricas de construcción simbólica de la sociedad y la cultura (Hidalgo Toledo, 2019).

En la tónica de McLuhan, los nuevos medios dejaron de ser el nexo entre los hombres y la naturaleza para convertirse en la naturaleza misma; el territorio y hábitat a colonizar y domesticar. Si ya Roger Silverstone afirmaba que los medios estaban en el centro de la experiencia (Silverstone, 2004), hoy es más evidente que están en el corazón de nuestra capacidad o incapacidad de encontrarle sentido al mundo. La pandemia exacerbó el rol de los medios en nuestra vida; él éxodo mediático se amplificó y en los últimos dos años se intensificó la transformación digital de las organizaciones y se aceleró la migración de las audiencias (Schulz, 2006).

Los días en el encierro fortalecieron esta nueva fase del capitalismo "hip" centrada en ocio, tecnología y entretenimiento (Martel, 2011) dando mayor fuerza a las convergencias múltiples (de tecnologías de información, medios, mercados, audiencias y consumidores) que anunciaron el fin de los tiempos muertos, respaldadas por un modelo económico centrado en el panóptico (Hidalgo, 2019b).

La infoxicación e infoanemia (InfoComm, 2021) a la que estuvieron expuestas las audiencias generó una infodemia (Marquina, 2020). Una nueva brecha se hizo palpable al dividir a la población entre los de adentro, los de afuera, los mediatizados, los desconectados, los info ricos y los info pobres; los polarizados (Navarro Sequeira, y otros, 2021). Estos nuevos desplazamientos y desigualdades nos colocan ante nuevos desafíos en la investigación en comunicación (Vargas Portillo, 2021). Evidenciando la necesidad de trabajar nuevas alfabetizaciones mediáticas informacionales para posicionar críticamente a los receptores ante el auge de las *fake news*, *fake facts*, *deep fakes* (Salaverría, y otros, 2020), *infotainment*, *politainment* (Slimovich, 2021), *advernews*, *newsgames* y demás formatos híbridos que surgieron en los últimos años.

A estos cambios contextuales hay que sumar la identificación de nuevas estructuras familiares que llevaron a las personas a posicionarse psicoemocionalmente de un modo diferenciado para hacer frente a lo que implicaba vivir en la covidianidad. (Apaza, et al., 2020).

Las condiciones de consumo, por tanto, hay que entenderlas e investigarlas hoy, en modo diferenciado, aplicando criterios como: tecnologías, equipamientos y plataformas de conectividad; estructura familiar; estilo de vida; género; generación a la que pertenecen; nivel socioeconómico y actitudes ante la pandemia.

Desde la pandemia, los consumos culturales dejan ver que estamos ante consumidores sensibles y demandantes; más susceptibles y emocionales; evidenciaron graves problemas de salud mental producto del encierro, la soledad (Cedeño, y otros, 2020) o el no poder vivir un duelo (Romero, y otros, 2020). Se hizo notorio la necesidad de construir hogares sanos, seguros versus hogares inteligentes (Ministerio de Salud, 2020). Durante estos últimos dos años se transformó el espacio público dando un mayor peso a los consumos locales (Zelada, 2020).

Entre las prácticas de consumo tecnológico, los hipermedios asumieron un rol de tecnologías de acercamiento. Esa "ansia" por mantener una vida en línea hizo que se pasara de la vida *offline, on line* al *continuum* digital de la vida *postline*. Las audiencias buscan en las multiplataformas espacios de pertenencia y adscripción. Las personas se han suscrito a todo cuanto pueden "porque es lo que hay". Las brechas de conexión se están dando entre los recién incorporados, los que llevaban mas de cinco años en línea, los rezagados y los desconectados (Gutierrez et al., 2020).

Tan sólo por la pandemia en México se pasó de 82.5 millones de usuarios a 87.5 millones de conectados; se rebasó la frontera del 74% de penetración. Aumentaron en un 45% las conexiones y adopción de TIC´s por motivo del Covid-19. Los mexicanos consumieron en promedio 8 horas 57 minutos diarios de internet; tres horas 30 minutos de redes sociodigitales; dos horas 18 minutos de televisión y una hora 16 minutos de radio (Asociaciondeinternet.mx, 2021).

Al cierre del 2020 se contabilizaron 115 millones de dispositivos móviles con mayor frecuencia de acceso a redes sociales, lo que llevó a los desarrolladores de contenido digital a ajustar sus mensajes a formatos móviles. Facebook, WhatsApp, YouTube, Instagram, Twitter, TikTok y Zoom centralizaron la interacción digital. (Asociación de Internet MX, 2022)

Entre las principales prácticas de consumo digital se dieron los conciertos y teatros por internet, los cursos en línea y maratones de series; recorridos virtuales; videos colaborativos; clases virtuales de *fitness*; videos de TikTok; revistas digitales; *lives* de artistas y del mundo de las celebridades (Rahman, y otros, 2021).

Los perfiles de las audiencias digitales durante la pandemia se ajustaron. Se volvieron más receptores, menos participativos; más descubridores, menos buscadores. La curación de contenido se tornó en curación del consumo amplificando los consumos compulsivos. Los consumidores se manifestaron menos leales a las marcas, más a las plataformas. Se aceleró la vida móvil y la permanencia de las plataformas desktop frente al surgimiento de las televisiones inteligentes. El contenido digital se consolidó como un pretexto conversacional para lo fuera de línea y sentir, con ello, pertenencia a una línea de pensamiento. Acostumbrados a una economía de gratuidad, los usuarios manifiestan hoy estar dispuestos a pagar por aquellos contenidos que les son de utilidad, relevantes, significativos, divertidos; les hacen sentir exclusividad, miembros de una comunidad; que dan la percepción de acceder a algo *premium* o les ayudan a reducir el riesgo o son evidencia de una curaduría especializada. Los medios que se fortalecieron durante la pandemia fueron aquellos que permitieron engranar experiencias (Comscore, 2021).

La prensa, durante la contingencia sanitaria, reafirmó su autoridad como plataforma confiable de información y generadora de opinión pública. El incremento del uso de dispositivos móviles en un 95% amplificó exponencialmente el consumo de noticias. Por razones naturales, derivadas de la situación sanitaria, las personas estuvieron más pendientes de fuentes de información en redes sociodigitales, televisión abierta y sitios *online*. El *podcast* regresó como formato hegemónico y se consolidó entre grupos generacionales de *millennials* y *centennials*; de igual forma se afianzaron los contenidos vía *streaming* (Hootsuite, 2021).

En el caso de la inversión publicitaria los medios tradicionales, invirtiendo en medios digitales ocuparon los primeros lugares como *top publishers*; sirviendo las redes sociodigitales como amplificadoras de los mensajes mediáticos (IAB Méxio, 2021).

La covidianidad se coronó como el acelerador de los procesos de transformación digital en el mundo. Los hipermedios, permitieron en mayor medida a la población estar informada, cerca de sus familias, distraídas y evitando el aburrimiento en casa.

El crecimiento exponencial también se dio en lo referente al comercio electrónico incrementando las compras en línea para no salir de casa y evitar aglomeraciones en tiendas físicas. Estas prácticas más que ser acciones temporales, se están consolidando como hábito postpandemia poniendo en crisis a los sistemas de *retail* tradicional.

Aunque los medios mostraron su potencial como plataformas publicitarias para las marcas, más del 46% de los anunciantes ajustaron sus presupuestos, disminuyendo la inversión en medios digitales en un 33%, lo que llevó a 6 de cada 10 marcas a adaptar sus mensajes a diferentes vías, canales y formatos para garantizar la omnicanalidad. El encierro, implicó que más del 40% de las marcas dedicadas a la información, tecnología, educación, industria automotriz, sector inmobiliario y finanzas personales, aprovecharan la pandemia para aumentar su presencia en los medios e invertir más en publicidad para no perder presencia y recordación (IAB México, 2021). Las plataformas hoy deben funcionar integradamente a la hora de proponer servicios de información y entretenimiento a las audiencias.

La Covid-19 hizo evidente la necesidad de que las diferentes industrias e instituciones buscaran desarrollar una comunicación más responsable, empática y solidaria. Acciones estratégicas para el diseño de mensajes que comunicaran esperanza, certeza, confianza. Comunicar ciencia, saberes y experiencias se hizo vital en un entorno confuso, ambiguo, complejo e incierto. Los expertos en comunicación tuvieron que recurrir a fórmulas más creativas y articuladoras que implican la creación de aplicaciones solidarias, un comercio más justo, una comunicación humilde y de apoyo para reducir brechas y desigualdades para reconstruir el tejido social.

Nuevas agendas como geoestrategia, medio ambiente, recursos naturales, sustentabilidad, seguridad nacional, *appificación*, multiplataforma, ciudades inteligentes, ciberseguridad, infraestructura sanitaria, salud física y mental, robotización, inteligencia artificial, internet de las cosas, *machine learning*, big data, computación cuántica, impresión 3D, conectividad y cobertura universal, realidad virtual, realidad aumentada, 5G, *blockchain*, ciudadanía digital, liderazgo ético digital, perspectiva de género, alfabetización hipermedial, diseño inclusivo, industrias creativas, economía circular, neurociencias aplicadas a la conducta del consumidor aparecen en el radar de las tendencias de investigación e innovación y desarrollo en todos los foros internacionales. Temáticas que estarán presentes en la investigación en comunicación en términos planetarios, con sus matices regionales y acentos hiperlocales.

Covidianidad y cambios en la política y las democracias

Ante un ecosistema que, como describíamos anteriormente, tiende a la fluidez de los significados (Hidalgo Toledo, 2018), y a la inestabilidad de las relaciones sociales en los términos propuestos por la baumaniana sociedad líquida (Barredo, 2021), han emergido numerosos cambios en los propios sistemas políticos. La llamada "comunicación política algorítmica" (Campos Domínguez y García Orosa, 2018, p. 771) es un ejemplo de ello: un tipo de comunicación que, partiendo del análisis de datos a gran escala, introduce la individualización y la personalización del mensaje político desde la escenificación informacional.

Así, diferenciar entre un contenido planificado y distribuido desde un sistema de comunicación automatizado, o un contenido remitido desde un ciudadano, resulta una tarea tan difícil que, en la última década, son numerosas las páginas de *fact-checking* que ayudan a indagar sobre el origen y la finalidad de los contenidos. La automatización del mensaje se ha ido configurando y reconfigurando a partir de sucesivos procesos de desarrollo social y tecnológico, al menos desde mediados de los años 30 del siglo XX, como se explica en Barredo et al. (2021). Pero a partir de la concentración de la opinión pública en los espacios en línea, en conjunto con la pérdida de credibilidad de los medios de comunicación, se ha producido un incentivo de un campo que hibrida, por un lado, los avances de las teorías de la comunicación, con las propuestas de las teorías de la propaganda. Todo ello mediado por la apropiación tecnológica y la incertidumbre sobre unos productos que se construyen sin una reflexión previa sobre sus potenciales efectos. Lo anterior se visualiza en la siguiente síntesis de los ejes de intervención de la comunicación política algorítmica pre y pospandemia:

1. La contratación masiva de nuevos profesionales cuyas exigencias sobrepasan a los conocimientos ofrecidos desde las escuelas y facultades convencionales. La existencia de cibertropas ha sido atestiguada en diversos contextos geográficos mundiales (Bradshaw y Howard, 2017). Las cibertropas, como explican estos autores, se asientan alrededor de los departamentos de comunicación y relaciones públicas de los gobiernos nacionales, con miras a establecer intentos de distorsión o dispersión de la opinión pública, promoción de tal o cual candidato o servicio, o incluso injerencia en los asuntos de los otros Estados, como sucedió, sin ir más lejos, durante la guerra entre Rusia y Ucrania que inició en 2022 (Conger y Satariano, 2022, 9 de marzo). En este conflicto bélico, los autores de este reportaje citado de *The New York Times* mencionaban la llamada "guerra digital", orquestada a partir de combatientes profesionalizados y alistados voluntariamente para provocar daños en la infraestructura de los otros países, aunque también para tratar de aproximar a la opinión pública alrededor de unos intereses determinados. Sin llegar a estos extremos, muchas de las prácticas de las cibertropas han sido asimiladas por entornos organizacionales más pequeños, como los municipios. Veamos algunas de ellas: el *trolling*, con el que se busca bloquear la participación social alrededor de cierto tema (Paavola et al., 2016); los *spammers* -usuarios que se dedican a promocionar insistentemente una cuenta o ideario determinado-, y los *cyborgs* -usuarios humanos que gestionan múltiples cuentas para generar tendencias o detener corrientes de opinión- (Clark et al., 2016); los *botmasters* -usuarios encargados de liderar una granja o bodega de sistemas automatizados (Varol et al., 2017); y los influenciadores, que son creadores de contenido que se dirigen a comunidades de usuarios con un lenguaje desenfadado y cercano (Castelló y del Pino, 2015).

A partir del ejercicio de estos profesionales, en muchas campañas se persigue el desarrollo de cámaras de eco, que ayudan a consolidar una base electoral a partir de la repetición de un mensaje determinado (Chenou et al., 2021). Asimismo, en los periodos electorales la comunicación política algorítmica favorece la expansión de contenidos orientados a seducir al votante desde el reconocimiento de sus problemáticas individuales, con una comunicación aproximada a unas preferencias e ideario concreto. Y este proceso de personalización se apuntala, incluso, mediante la contratación de comentaristas profesionales, encargados de establecer un clima social artificialmente positivo (Santana & Huerta, 2019).

Esto es, el desempeño de los roles y funciones enumerados configura el advenimiento de unos profesionales que difícilmente se adecúan a los tradicionales estudios en periodismo, comunicación social, comunicación organizacional, entre otros. Si bien autores como Hallahan et al. (2007) mencionaban el desarrollo de un campo de estudios de carácter integrador, como la comunicación estratégica, a decir verdad, la polivalencia exigida, así como la interacción entre la comunicación y la ciencia de datos provocan una complejidad para la formación de este tipo de profesionales. La falta de actualización de conocimientos de los docentes, la escasa inversión en la apertura de nuevos espacios o en procesos innovadores, lastra la expansión de los centros formativos hacia el desarrollo de capacidades de los estudiantes en este punto. También, como se verá a continuación, existe el problema de los desafíos éticos, que conlleva una resistencia por parte de los programas formativos a incorporar un estudio aplicado de estos roles exigidos desde el ámbito organizacional e institucional.

2. Nuevos dilemas éticos aún no resueltos desde la epistemología existente. Resulta muy complicado diseñar una campaña de medios en línea a partir de los códigos deontológicos y de los preceptos éticos adquiridos en los centros educativos. La Organización Mundial de la Salud, tras la emergencia de la pandemia de Covid-19, alertó en paralelo de una "infodemia", es decir, de la "falta de información desde los medios de comunicación" (ELPLURAL.com, 2020, 4 de febrero). Esta infodemia se asocia, fundamentalmente, a orígenes organizacionales e institucionales: la reconfiguración de la que hablábamos páginas atrás sobre las estructuras y ecosistemas mediáticos (Hjarvard, 2013), ha conllevado al incentivo del éxodo mediático y a la anulación parcial de la intermediación que ejercían las cabeceras informativas. Y aquí emergen poderosamente, como se señalaba, tanto el desarrollo de entornos informacionales *fake* (Salaverría et al., 2020), como el infoentretenimiento y la banalización de la política o *politainment* (Slimovich, 2021). Unos y otros conducen a nuevas perspectivas éticas y deontológicas que trascienden a la covidianidad, y para las cuales aún no hay una clara respuesta: ¿hasta qué punto es ético desarrollar una noticia falsa para desprestigiar al candidato rival en una campaña política, o para promocionar el consumo de un producto o servicio, en un momento en que la opinión pública se ha diversificado en una multiplicidad casi infinita de espacios? ¿Hasta dónde podemos ficcionalizar un contenido para conseguir más *clicks* y reacciones, si incluso los medios considerados de referencia incurren en el *clickbait* (Palau, 2015)? Estos desafíos éticos son tan complejos que, si bien los gobiernos y sus aparatos estatales están detrás de muchos contenidos *fake,* durante la pandemia, gobiernos como el de Portugal tuvieron que habilitar una estrategia de salud pública integral para buscar contrarrestar a la propagación de la desinformación, como señala Prior (2020). En este punto, la covidianidad ha impulsado un uso estratégico de algunas plataformas que, como TikTok o BeReal, permiten acceder a grupos que tienden a autoexcluirse del consumo de medios convencionales. Con todo, estudios como el de Tous y Dergacheva (2021) matizan la calidad de la conversación entre los líderes institucionales en España y los usuarios en Twitter: existe una autorreferencialidad en la interacción, de modo que se contesta sobre todo a los partidarios o seguidores.

3. Efectos sobre la vida de los usuarios y de las sociedades. Es paradójico que, contando con tecnologías que permiten una mayor discusión alrededor de los temas centrales que permitiría alcanzar amplios consensos, las sociedades contemporáneas se distingan por la polarización social. Parte de esa polarización es debida a espacios como las cámaras de eco (Chenou et al., 2021); al discurso del odio (Morgus et al., 2019), que se desliza frecuentemente desde el anonimato y la falta de empatía que provoca la anulación de lo corporal, de lo físico; el *politainment* y la apropiación irresponsable de esos contenidos banales por parte de los seguidores de políticos (Eatwell & Goodwin, 2018) que, como Donald Trump, Andrés Manuel López Obrador, Iván Duque o Jair Bolsonaro, persiguen más una respuesta inmediata y tribal, que la deliberación pública y la participación incluyente. Pero, al mismo tiempo, la comunicación política algorítmica provoca en términos más amplios algunos efectos perniciosos para la salud, como describen Rodrigues Costa et al. (2021). Uno de ellos es el *cyberbulling,* una práctica de acoso individual y que incentiva a la autocensura para expresar determinadas ideas, particularmente cuando esas ideas confrontan con las de los grupos mayoritarios. Es lo que Barredo (2021) denomina como una espiral del silencio 2.0: la reproducción de la autocensura en unos medios configurados, paradójicamente, para potenciar la libertad de la expresión personal.

Los efectos individuales profundizan problemas psicológicos preexistentes a las redes sociales, aunque también establecen algunos problemas en función de la forma en que acaparan el tiempo y la atención de las personas:

"Efectos que aluden a la ansiedad, al miedo a la soledad, que motivan la existencia de problemas de sueño, de gestión del tiempo o un pesimismo y desesperanza –al confrontar una visión idealizada, estereotipada, frente a una realidad problemática–, que, en casos extremos, puede conducir al suicidio" (Rodrigues Costa et al., 2021, p. 14).

Con todo, estos mismos autores aseguran que las plataformas sociales pueden ser enclaves para fomentar una apropiación activa de contenidos saludables (Rodrigues Costa et al., 2021).

Covidianidade e os paradoxos na relação social com os algoritmos

Na discussão dos desafios que a covidianidade deixará para as investigações em comunicação, sob diferentes perspectivas, o leque de paradoxos se amplia. Se de uma parte, a existência mediada, que já não era nova, permitiu na pandemia uma vida social, consumo de informações e entretenimento, são muitas as contradições sobre esta expansão de um aprendizado que já se construía antes do distanciamento entre as pessoas.

Com a presença dos dispositivos digitais, se expandem as condutas ativas dos espectadores, num processo de reelaboração de narrações fílmicas ou televisivas (Canclini, 2019), que acabam por abastecer novamente o ambiente, com a oferta de novos dados a serem medidos. Canclini (2019) relembra que as palavras se transformam em signos de busca e se articulam algoritmicamente em um panóptico eletrônico para o mercado. Recorrendo a algumas perspectivas críticas, a informação do próprio usuário torna-se o conteúdo do meio digital (Logan, 2019). O autor aponta que como usuários da mídia digital, nos tornamos a base na qual esta mídia opera, pois, sua eficácia depende da base de informação que nós, seus usuários, criamos. Neste sentido há a inversão da mídia digital operando no terreno da informação de seus públicos, além dos usuários atuando no mesmo terreno. O feedback dado pelo público se torna o *feedforward* para a mídia digital.

Gillespie (2014) descreve as possibilidades de nossa relação com os algoritmos e aponta para a seleção de quais informações são consideradas mais relevantes, característica crucial de participação na vida pública. Os mecanismos de pesquisa para navegar em grandes bancos de dados de informações ou em toda a web, mapeamento de preferências para recomendação, sugerindo pedaços de cultura novos ou esquecidos. Algoritmos gerenciam nossas interações em sites de redes sociais, destacando as notícias de um amigo e excluindo as de outro. Juntos, esses algoritmos, indica Gillespie (2014), não apenas ajudam a encontrar informações, mas também fornecem um meio para saber o que há para saber e como saber, para participar do discurso social e político e nos familiarizar com os públicos dos quais participamos. E esta relação é cercada de paradoxos, como analisa o autor.

> Os algoritmos nem sempre são sobre previsão exaustiva; às vezes eles são sobre a aproximação suficiente. Talvez tão importante quanto a vigilância dos usuários, sejam as conclusões que os provedores estão dispostos a tirar com base em relativamente pouca informação sobre eles. (Gillespie, 2014, p.174)[6]

Os algoritmos são, no entanto, mais do que ferramentas computacionais abstratas, defende Gillespie (2014). São construídos para incorporarem-se à prática do mundo vivido e se falharem perdem o significado.

> Isso significa que devemos considerar não seu "efeito" nas pessoas, mas um "emaranhado" multidimensional entre algoritmos colocados em prática e as táticas sociais dos usuários que os adotam. Esse relacio-

---

[6] Tradução nossa do original "But algorithms are not always about exhaustive prediction; sometimes they are about sufficient approximation. Perhaps just as important as the surveillance of users are the conclusions providers are willing to draw based on relatively little information about them."

namento é, obviamente, um alvo em movimento, porque os algoritmos mudam, e as populações de usuários e as atividades que eles encontram também mudam. (Gillespie, 2014, p.183)[7]

No cruzamento da vivência da pandemia no cotidiano, ocorreu o que o autor já descrevia em 2014, que é este "aninhamento" nas práticas de informação do dia a dia. Os usuários moldam e rearticulam os algoritmos que encontram e os algoritmos interferem em como as pessoas buscam informações, percebem e pensam sobre os contornos do conhecimento e como se entendem no e através do discurso público. A pergunta de Gillespie (2014) traz provocações extras à reflexão: finalmente, quando os dados somos nós, o que devemos fazer com as associações que os algoritmos afirmam identificar sobre nós como sociedade – que não conhecemos, ou talvez não queremos saber?

O que identificamos neste processo de investigação é que, cada vez mais, as aproximações exigirão articulações metodológicas no mesmo grau de complexidade. Figaro (2019) questiona, a partir do conceito de sistemas e de big data, aplicados à comunicação, qual o instrumental teórico dos estudos de recepção para enfrentar a discussão com o setor hegemônico das ciências que pensa a realidade a partir da lógica do big data, da funcionalidade dos sistemas e da

---

[7] Tradução nossa do original "This means we must consider not their "effect" on people, but a multidimensional "entanglement" between algorithms put into practice and the social tactics of users who take them up. This relationship is, of course, a moving target, because algorithms change, and the user populations and activities they encounter change as well."

centralidade tecnológica. A autora retoma a ideia do receptor como indivíduo/social, conceito que atualiza a compreensão de práxis social como fundamento do humano. Com isso, afasta a concepção sistêmica da inteligência artificial e da humanização da máquina.

> Assim, intensificar as pesquisas empíricas nas redes digitais, cartografar os caminhos percorridos pelos receptores na circulação das mensagens e as ações e interações nos meios digitais têm a finalidade de compreender as relações de comunicação e em o que, nesse contexto, elas confluem em termos de hegemonia e contra hegemonia, maior ou menor controle (Figaro, 2019, p. 234).

As múltiplas frentes para articulação de instrumentos teóricos são, certamente, fonte de desafios para a pesquisa em comunicação. Associadas a isto estão as movimentações constantes dos usuários no processo de apropriação e rearticulação, o que revisa modelos que até então respondiam bem às questões de pesquisa. Livingstone (2018) destaca aspectos como a redução da atenção do público para a imprensa e a preferência para a variedade de serviços de mídia online e sociais em rápida mudança. As formas de engajamento digital, aponta a autora, se estendem além dos gêneros tradicionalmente delimitados de informação e entretenimento e abrangem todas as dimensões da vida pública e privada das pessoas, chegando à mediação de tudo.

Livingstone (2018) destaca que as audiências são necessariamente sociais, inseridas na sociedade e na história de muitas maneiras para além de sua relação com a mídia. Portanto, a análise crítica das audiências não pode ser satisfeita com a inclusão esporádica de observações de comportamento descontextualizadas ou porcentagens de pesquisas escolhidas a dedo. Deve, isto sim, se envolver com o público de forma significativa em e através dos contextos de suas vidas.

A observação de algo em movimento evidencia-se como uma constante no pensamento de muitos autores. É como acompanhar em um microscópio células respondendo a reagentes diferentes, numa velocidade que interconecta dados novos e repercussões, simultaneamente. Ao observar sob a perspectiva relacional (Bucher, 2018), investiga-se também o movimento. Para a autora, um algoritmo ou sistema de aprendizado de máquina é, por definição, não uma "coisa", é sempre um devir.

> Para mim, essa noção de devir é bastante útil, porque é também um ponto metodológico que, seja o que for que estudemos, trata-se de algo em seu devir. Então, não estamos fazendo afirmações sobre o algoritmo do Facebook ou o algoritmo do YouTube porque, seja para o que for que estivermos olhando, será uma atualização de diferentes tipos de relações que se juntam ali para então moldar essa realidade" (Bucher, 2018, p. 167).

Nas relações que se constroem, nesse movimento, há uma aparente independização e controle do tempo, que em situação de distanciamento social foram ampliados. Consumir conteúdos televisivos via Netflix, entre outros, receber recomendações da plataforma e conversar a respeito do tema nas redes sociais fez com que os sujeitos ingressassem em um sistema que mais escraviza do que liberta. O consumo assíncrono permite ao usuário a sensação de liberdade para fazer maratonas de seus programas favoritos em seus horários livres, mas também traz ansiedade nos processos de tomada de decisão (Scalei & Cunha, 2019). A própria mobilidade física está no contexto desta discussão. Nos primeiros meses da pandemia, Apple[8] e Google[9] disponibilizaram publicamente dados sobre a movimentação das pessoas nas ruas. Neste caso, o próprio monitoramento foi associado à segurança sanitária. Por isso, movimento e mudança constante na relação social com os algoritmos são termos que passam a integrar categorias de análise no que será a pós-covidianidad.

Consideraciones: los retos más allá de la "covidianidad"

Desde hace más de dos años el mundo es otro. Los medios de comunicación remarcaron su lugar en nuestras vidas y saturaron nuestros espacios vitales con su presencia. Si ya eran extensión de nuestros sentidos, ahora se convirtieron en extensión de nuestros hiperespacios, nuestras emociones, nuestros hiperobjetos, nuestros vínculos neuronales con el mundo.

Los medios son en nuestra vida esas subestructuras que soportan todas las estructuras. Sobre ellos pende nuestro referente semántico, axiológico y psicológico. Dan forma, canal y referencia a nuestras vinculaciones intra e interpersonales. Desde hace siglos su lugar en nuestro mundo era privilegiado. Ya se ubicaban en el centro de nuestra vida como neuro-

---

[8] https://covid19.apple.com/mobility.
[9] https://www.google.com/covid19/mobility.

transmisores sociales de nuestra existencia. Nuestro modo de codificar y decodificar; interpretar y retroalimentar la realidad guarda un vínculo de dependencia con ellos. Nuestra esencia diferenciadora como especie es comunicativa, por ello los medios han cumplido un eje referencial, emocional, apelativo, persuasivo, fáctico y poético.

En ese sentido, el encierro nos ha llevado a tender puentes más profundos con los medios al convertirlos en nuestra gran ventana del mundo. El confinamiento nos llevó a incrementar: nuestros tiempos de consumo; nuestras relaciones afectivas con personajes y lecturas; nuestra mediación cognitiva con situaciones y momentos; nuestra actitud ante problemas e injusticias. El proceso simbólico atravesado en nuestra relación con los medios se volvió más complejo y codependiente. Todos nuestros referentes de la realidad llegan a través de ellos. En ese momento de coexistencia confinada, la relación se ha vuelto más tensa ante la infinidad de casos de notas falsas; hechos manipuladores, datos alterados, simulacros informativos y desinformación deliberada.

Sobre el punto anterior, ha habido algunos procesos contradictorios. Si la desinformación, antes de la pandemia, era un producto fundamentalmente asociado al desempeño de las cibertropas gubernamentales (Bradshaw y Howard, 2017), al interés organizacional por trazar campañas estratégicas basadas en la personalización del mensaje (Castelló y del Pino, 2015), o de la automatización de la narración política (Campos y García Orosa, 2018; Varol et al., 2017), durante la pandemia fue combatida por los gobiernos en aras de articular una estrategia de salud pública (Prior, 2020).

Por primera vez en la vida de muchas personas experimentaron una guerra informativa. La ecología mediática amplificada está experimentando múltiples usos bélicos que van desde los atentados contra la libertad de expresión, hasta el reclutamiento de medios digitales para defender intereses económicos y políticos y manipular con ello a la opinión pública. En los últimos años se hicieron evidentes múltiples casos de censura, coberturas tendenciosas, construcción de hechos y datos falsos, atentados contra los derechos a la comunicación, a la información y de las audiencias. Muchos medios dejaron su carácter crítico y de vigilancia del poder a cambio de partidas presupuestales y privilegios futuros. Su estandarte como vigías de la democracia fue quemado para convertirse en espacios complacientes y acomodaticios a la medida de los intereses particulares de políticos, gobiernos o empresarios.

Los medios como intermediarios de la ciudadanía hoy son más la arena de batallas entre los distintos poderes. Las audiencias tendrán que asumir una responsabilidad para exigir un manejo responsable y ético de los medios; tomar un papel crítico y propositivo para que los medios y sus contenidos ejerzan un rol más sanador y liberador en estos momentos de crisis económica, sanitaria y humanitaria. El futuro exige ser más críticos y participativos. También los propios gobiernos tendrán que modular la forma en que se relacionan con los ciudadanos: no para imponer, sino más bien para consensuar una agenda común.

Investigar la comunicación se hace más necesaria que nunca. Las oportunidades temáticas son muchas y los investigadores están fluyendo tras ello. Neste contexto de intensa transformação, se voltarmos nossas atenções para os desafios específicos da pesquisa, teremos sujeitos ainda mais expostos às articulações algorítmicas. Boa parte do público viveu e segue atuando neste ambiente em que as telas são as principais janelas para o mundo e as possibilidades de conexão social. Isto, certamente, não determina que o público tenha sido diretamente influenciado por estes desenhos. No entanto, o movimento constante, as apropriações e negociações, no cruzamento com as estratégias sociais, trazem novos contornos às investigações.

As questões de pesquisa já se voltavam para os fenômenos presentes neste cenário, no qual o software havia se tornado a nossa interface com o mundo, como uma linguagem universal e que acaba por definir uma nova cultura (Manovich, 2013). O que a pandemia indica é que, diante da necessidade, os sujeitos podem se apropriar e se adaptar às articulações propostas, transformá-las e incluí-las em seu cotidiano. No entanto, o que destacamos como desafiador é compreender as inter-relações sociais resultantes desta adaptação, que pode ser temporária – o que contraria as mudanças descritas ao longo da história – ou perene.

Na cultura do software (Manovich, 2013), definir métricas para recomendação de produtos, escolhas, redes sociais, entre outros já estava no horizonte. A pergunta que agora se impõe é como serão organizadas as novas métricas apoiadas no conceito que cruza a Covid-19 com o cotidiano e os novos interesses e apropriações que ingressaram neste ambiente.

Referências

APAZA, C., Seminario Sanz, R., & Santa-Cruz Arévalo, J. (2020). Factores psicosociales durante el confinamiento por el Covid-19. Perú. **Revista Venezolana de Gerencia**, *25*(90), 402-413.

Asociación de Internet MX. (2022). **17° Estudio sobre los hábitos de los usuarios de Internet en México 2021.** México: Asociación de Internet MX.

Asociaciondeinternet.mx. (Enero de 2021). **16° Estudio sobre los Hábitos de los Usuarios de Internet en México 2020.** Recuperado el Marzo de 2021, de https://www.asociaciondeinternet.mx: https://irp-cdn.multiscreensite.com/81280eda/files/uploaded/16%20Estudio%20sobre%20los%20Hábitos%20de%20los%20Usuarios%20de%20Internet%20en%20México%202020%20versión%20pública.pdf

BARREDO IBÁÑEZ, D. (2021). **Medios digitales, participación y opinión pública.** Tirant Lo Blanch.

BARREDO IBÁÑEZ, D.; DE LA GARZA, D. J.; TORRES, A.; LÓPEZ, P. C. (2021). Artificial intelligence, communication, and democracy in Latin America: a review of the cases of Colombia, Ecuador, and Mexico. **Profesional de la información**, 30(6), e300616. https://doi.org/10.3145/epi.2021.nov.16

BRADSHAW, S., & HOWARD, P. N. (2017). Troops, **trolls and troublemakers: A global inventory of organized social media manipulation** (Working paper no. 2017.12). University of Oxford. https://comprop.oii.ox.ac.uk/wpcontent/uploads/sites/89/2017/07/Troops-Trolls-and-Troublemakers.pdf.

BUCHER, T. (2018). **Algoritmos como um devir**: uma entrevista com Taina Bucher. Entrevistador: Carlos d'Andréa e Amanda Jurno. *[S. l.: s. n.]* Disponível em: http://revistaseletronicas.fiamfaam.br/index.php/recicofi/article/view/723.

CAMPOS, E. y GARCÍA-OROSA, B. (2018). Comunicación algorítmica en los partidos políticos: automatización de producción y circulación de mensajes. **Profesional de la información**, 27(4), 769-777. https://doi.org/10.3145/epi.2018.jul.06.

CANCLINI, N. G. (2019). **Ciudadanos reemplazados por algoritmos.** Guadalajara: Calas, 2019.

CASTELLÓ, A. & DEL PINO, C. (2015). La comunicación publicitaria con influencers. **Redmarka**, (14), 21-50.

CEDEÑO, N., VÉLEZ CUENCA, M., DURAN, Á., & TORRES PORTILLO, M. (2020). Afrontamiento del Covid-19: estrés, miedo, ansiedad y depresión. **Enfermería investiga**, 5(3), 63-70.

CHENOU, J. M.; CABARCAS, D. & SEPULVEDA, M. N. (2021). "Social media and political polarization in Latin America. Analyzing online discussions during the 2018 presidential campaign in Colombia". EN RAMÍREZ, D.; CARVALHO, B. & PLAW, A. (Eds.). *The* **Politics of Technology in Latin America** (vol. 2), pp. 129-146. New York: Routledge.

CLARK, E. M.; WILLIAMS, J. R.; JONES, C. A.; GALBRAITH, R. A.; DANFORTH, C. M. & DODDS, P. S. (2016). Sifting robotic from organic text: A natural language approach for detecting automation on Twitter. **Journal of Computational Science**, 16, 1-7. https://doi.org/10.1016/j.jocs.2015.11.002.

COMSCORE. (2021). **Estado de Social Media en América Latina 2020**. Latinoamerica: COMSCORE.

CONGER, K. y SATARIANO, A. (2022, 9 de marzo). Hackers voluntarios se enlistan en la guerra digital contra Rusia. https://www.nytimes.com/es/2022/03/09/espanol/rusia-ucrania-hackers.html.

DEUZE, M. (2012) **Media life**. Cambridge: Polity Press.

EATWELL, R., & GOODWIN, M. 2018. **National populism. The revolt against liberal democracy**. Pelican Books. https://doi.org/10.1177%2F0038038519880465.

Elplural.com (2020, 4 de febrero). La OMS alerta de una "infodemia" con la crisis del coronavirus. https://www.elplural.com/sociedad/oms--aseguraocurriendo-coronavirus-infodemia_232570102

FERNÁNDEZ, M. (2020). **Un orden dislocado. Mediatización de las interacciones sociales en tiempos de confinamiento**. Argentina: Universidad Nacional de Rosario.

FIGARO, R. (2019). Potencial explicativo dos estudos de recepção no contexto do Big Data. Intercom – RBCC São Paulo, v. 42, n. 3, p. 223-237, set./dez.

GILLESPIE, T. (2014) The Relevance of Algorithms. In: Media Technologies: Essays on Communication, Materiality, and Society. Cambridge: MIT Press.

GUTIERREZ, S.; TEJADA MUÑOZ, S. & DÍAZ MANCHAY., R. (2020). entimientos de los adolescentes frente al aislamiento social por la Covid-19 desde la metodología fenomenológica. **Revista Cubana de Enfermería, 36.**

HALLAHAN, K.; HOLTZHAUSEN, D.; VAN RULER, B; VERČIČ, D. & SRIRAMESH, K. (2007). Defining Strategic Communication. **International Journal of Strategic Communication**, 1(1), 3-35. https://doi.org/10.1080/15531180701285244.

HIDALGO TOLEDO, J. (2018). **Medios y mediación en la cultura digital**. México: Tirant Lo Blanch.

HIDALGO TOLEDO, J. (2019). Jóvenes hipermediales: Hipermediatización del Yo y juventudes hiperconectadas. En D. Barredo Ibáñez, M. Rodrigues da Cunha, & J. Hidalgo Toledo, **Jóvenes, participación y medios de comunicación digitales en América Latina** (p. 17-46). La Laguna, España: Cuadernos Artesanos de Comunicación: Latina.

HIDALGO, J. (2019b). La economía del panóptico: la experiencia de la mirada y las identidades en la era digital. En J. Sánchez, & D. Martínez, **Viralidad. Política y estética de las imágenes digitales** (p. 75-104). México: Gedisa.

HJARVARD, S. (2013). **The mediatization of culture and society**. Gran Bretaña: Routledge.

HOOTSUITE (2021). **Digital 2021 Global Overview Report**. México: Hootsuite.

IAB México. (7 de agosto de 2021). Inversión en Medios en México. Recuperado el 5 de abril de 2023, de IAB México: http://iab.mx/estudio.

InfoComm (2021). **What is infoxication?** Obtenido de InfoComm: https://www.infocomm.ky/what-is-infoxication-how-to-avoid-infoxication-glossary/.

LIVINGSTONE, S. (2019). Audiences in an Age of Datafication: Critical Questions for Media Research. **Television and New Media**, 20(2), 170-183.

LOGAN, R. K. (2019). **Understanding humans**: The extensions of digital media. Information, 10(10), 304.

MANOVICH, L. (2013) **Software Takes Command**. [*S.l.*]: A&C Black. *E-book*.

MARQUINA, J. (19 de Febrero de 2020). **¿Qué es la infodemia de la que habla la OMS?** Obtenido de Julianmarquina.es: https://www.julianmarquina.es/que-es-infodemia/.

MARTEL, F. (2011). **Cultura Mainstream**: cómo nacen los fenómenos de masas. Madrid, España: Taurus.

Ministerio de Salud (11 de junio de 2020). **Covid-19**: A través tablets hospitales conectarán a pacientes con sus familias. Obtenido de Ministeriodesalud.cl: https://www.minsal.cl/covid-19-a-traves-tablets-hospitales-conectaran-a-pacientes-con-sus-familias/.

MORGUS, R.; FONSECA, B.; GREEN, K. & CROWTHER, A. (2019). Are China and Russia on the Cyber Offensive in Latin America and the Caribbean? **New America**, 26, 1-50. Recuperado de: https://gordoninstitute.fiu.edu/policy-innovation/publications/are-china-and--russia-on-the-cyber-offensive-in-latin-america-and-the-caribbean.pdf.

NAVARRO SEQUEIRA, M., RIVERA-SALAS, P., & HERNÁNDEZ FLORES, H. (2021). Aproximación desde la Comunicación Responsable Gubernamental y Política al discurso de los líderes latinoamericanos al inicio de la pandemia Covid-19. **Más Poder Local, 46,** 24-48.

PAAVOLA, J., HELO, T., SARTONEN, M. & HUHTINEN, AKI M. (2016). Understanding the Trolling Phenomenon: The Automated

Detection of Bots and Cyborgs in the Social Media. **Journal of Information Warfare**, 15(4), 100-111.

PALAU, D. (2015). Metamorfosis de la prensa de referencia em el contexto digital: clickbait y estrategias de tabloide em Elpais.com. **Communication & Society**, 29(2), 63-80.

PRIOR, H. (2020) Comunicación pública en tiempos de pandemia: las respuestas de Portugal a la Covid-19. **Más Poder Local**, 41, 6-11.

RAHMAN, K., & ARIF, M. (2021). Impacts of Binge-Watching on Netflix during the Covid-19 pandemic. **South Asian Journal of Marketing**, 2(1), 97-112. Obtenido de https://www.emerald.com/insight/content/doi/10.1108/SAJM-05-2021-0070/full/html.

RODRIGUES COSTA, P.; CAPOANO, E. y BARREDO IBÁÑEZ, D. (2021). "El rol ambivalente de las redes sociales digitales: entre los efectos negativos y las posibilidades de representación saludables". En Rodrigues Costa, P.; Capoano, E. y Barredo Ibáñez, D. (Eds.). **Redes e espelhos sociotécnicos: abordagens ibero-americanas**. pp. 13-21. CIESPAL.

ROMERO, L., & CASTELLANOS SUÁREZ, V. (2020). Derecho a decir adiós, muerte en soledad y duelo crónico en la pandemia Covid-19. **Publicaciones e Investigación, 14**(2).

SALAVERRÍA, R., BUSLÓN, N., LÓPEZ-PAN, F., LEÓN, B., LÓPEZ-GOÑI, I., & ERVITI, M.-C. (mayo-junio de 2020). Desinformación en tiempos de pandemia: tipología de los bulos sobre la Covid-19. **Revista internacional de Información y Comunicación, 29**(3). Obtenido de http://profesionaldelainformacion.com/contenidos/2020/may/salaverria-buslon-lopez-leon-lopez-erviti.html.

SANTANA, L. E., & HUERTA, G. (2019). Son bots? Automatización en redes sociales durante las elecciones presidenciales de Chile 2017. **Cuadernos.info**, 44, 61-77.https://doi.org/10.7764/cdi.44.1629.

SCALEI, V.; CUNHA, M.R. (2019). As armadilhas do "horário nobre é o meu". Revista Latinoamericana de Ciencias de la Comunicación, v. 17, n. 31, p. 72-82.

SCHULZ, W. (2006). Reconstructing Mediatization as an Analytical Concept. **European Journal of Communication, 19**(1), 87-101.

SCOLARI, C. (2020). Entrevista "Los nuevos, nuevos objetos" y la materialidad de la investigación de la cultura digital en América Latina. Em Hidalgo Toledo, Jorge, Cunha, Mágda Rodrigues da, & Barredo Ibáñez, Daniel. Teorias e epistemologias da comunicação digital na América Latina. **Revista Latinoamericana de Ciencias de la Comunicación**, 19(34):174-180.

SILVERSTONE, R. (2004). **¿Por qué estudiar los medios?** Buenos Aires, Argentina: Amorrortu.

SLIMOVICH, A. (2021). La mediatización política durante la pandemia por Covid-19. La argumentación en las redes sociales de Alberto Fernández y Mauricio Macri. **Dixit 34**, p. 1-14.

TOUS, A. y DERGACHEVA, D. (2021). #EsteVirusloParamosUnidos: Comunicación política de guerra en Twitter. Creación de comunidades homogéneas en la crisis de Covid-19. **Estudios sobre el Mensaje Periodístico**, 27(4), 1227-1241. https://doi.org/10.5209/esmp.75758.

VARGAS PORTILLO, P. (2021). Pérez Tornero, José Manuel. La gran mediatización I: El tsunami que expropia nuestras vidas del confinamiento digital a la sociedad de la distancia. **Intersticios sociales, 21**, 431-434.

VAROL, O., FERRARA, E., DAVIS, C. A., MENCZER, F. & FLAMMINI, A. (2017). Online Human-Bot Interactions: Detection, Estimation, and Characterization. Proceedings of the Eleventh International AAAI Conference on Web and Social Media (ICWSM 2017), **Association for the Advancement of Artificial Intelligence**, 280-289.

ZELADA, S. (2020). **Covid-19, un acelerador de la transformación digital.** Recuperado el 20 de noviembre de 2021, de Deloitte.com: https://www2.deloitte.com/pe/es/pages/technology/articles/COVID19-un-acelerador-de-la-transformacion-digital.html.

Gênese de diferentes grupos de pesquisa lusófonos no campo da Comunicação Social

Alberto Pena-Rodríguez[1], Ana Regina Rêgo[2],
Antonio Hohlfeldt[3], Jorge Pedro Sousa[4] e Marialva Barbosa[5]

Quando este texto, escrito a várias mãos, foi proposto para refletir sobre o início primordial de uma Rede Lusófona de Pesquisas em Comunicação, aglutinando pesquisadores de Universidades do Brasil, de Portugal e da Espanha, o título inicialmente pensado colocava em evidência, não apenas a coincidência de interesses que resultam em pesquisas que se aproximam. Havia outra aproximação fundamental para a constituição de qualquer rede, mesmo as particularizadas em torno de produções acadêmicas: afetos e amizade.

Assim, a ideia era mostrar que "iniciativas, amizades e coincidência de interesses", na síntese proposta, são fundamentais na formação de redes de pesquisa. Não necessariamente nesta ordem. Os afetos, que atestam o prazer de estar juntos, de rever o outro, de produzir em conjunto, como espécie de senha para um novo reencontro, são, na nossa avaliação, ligas fundamentais para que uma ideia se transforme em ação, em torno de reflexões conjuntas, numa rede de Pesquisa/Afeto.

---

[1] Universidade de Vigo e CEIS20 da Universidade de Coimbra.
[2] UFPI Universidade Federal do Piauí.
[3] FAMECOS-PUCRS.
[4] Universidade Fernando Pessoa & ICNOVA – Instituto de Comunicação da NOVA.
[5] UFRJ/Universidade Federal do Rio de Janeiro.

Uma história pode ser contada a partir de múltiplos pontos de vista e sob as mais variadas perspectivas e abordagens. A que se apresenta, neste texto, é a história de um grupo de professores e pesquisadores de universidades públicas e privadas que se tornaram, ao longo dos anos, parceiros em diferentes iniciativas e que evidenciam a riqueza e as potencialidades da atividade de pesquisa desenvolvida coletivamente, e não apenas nos reservados e individualizados espaços de um gabinete.

O entrecruzamento de caminhos de pesquisa e interesses comuns transforma-se em afetividades cuja potência produz grandes parcerias e destas nascem contribuições aos campos da comunicação e da história, assim como, da história e da memória da comunicação. Nesse percurso, pesquisadores e instituições se interconectam, possibilitando vias e fluxos por onde o conhecimento produzido se dissemina.

A INTERCOM – Sociedade Brasileira de Estudos Interdisciplinares da Comunicação, fundada em 1977 pelo pesquisador José Marques de Melo (USP/Metodista) e uns poucos mais professores sediados em São Paulo, organizou-se, desde o início de sua história, em grupos de pesquisa – GPs – temáticos, a um dos quais cada pesquisador associado deveria estar vinculado. Com seus congressos anuais ocorrendo em diferentes pontos do país, a INTERCOM concentrava os relatos das pesquisas nestes GPs e aproveitava estes encontros para convidar pesquisadores de outros países para visitarem e conhecerem as atividades de pesquisa brasileira no campo da Comunicação Social e áreas conexas.

Cada GP tem um coordenador, segundo regras preestabelecidas, cujo mandato ocorre por rodízio. Os relatos apresentados, desde o início, são organizados em páginas disponibilizadas gratuitamente pela INTERCOM a todos os interessados, de modo que, passado quase meio século de existência da entidade, consultar suas páginas de repositório é acessar a memória viva da pesquisa em Comunicação Social do país.

Para além do próprio José Marques de Melo, cujo interesse de estudo sempre foi o jornalismo, uma das mais dinâmicas e propositivas coordenadoras daquele GP foi Marialva Barbosa, na época vinculada à UFF. A participação de Antonio Hohlfeldt neste GP resultou, em 2002, numa primeira iniciativa que produziria muitas outras publicações deste núcleo, com a edição de "Jornalismo no século XX – A cidadania" (Mercado Aberto, 2002), mas não só nele. Tanto Marialva Barbosa quanto Antonio Hohlfeldt, este vinculado à PUCRS, desenvolviam estudos com a participação de bolsistas de Iniciação Científica, alguns dos quais viriam, anos mais tarde, a ampliar este grupo de pesquisadores, como Ana Paula Goulart Ribeiro, jornalista de formação e depois pesquisadora vinculada à mesma UFRJ, e Aline Strelow, hoje professora concursada da UFRGS.

Foi através da INTERCOM que o português Jorge Pedro Sousa (Universidade Fernando Pessoa) aproximou-se dos pesquisadores brasileiros. Participando dos congressos anuais da INTERCOM, primeiro como participante por submissão de trabalho, associando-se à INTERCOM e vinculando-se ao mesmo GP de Jornalismo, e depois como convidado, Jorge Pedro, com formação fortemente influenciada por pesquisadores como Nelson Traquina, José Marques de Melo, Margarita Ledo e Xosé López García, estes dois últimos da sua *alma mater*, publicaria seus trabalhos simultaneamente em Portugal e no Brasil, sendo os mais conhecidos "Uma História crítica do fotojornalismo ocidental" (Letras Contemporâneas & Argos, 2000) e "Teorias da notícia e do jornalismo" (Letras Contemporâneas & Argos, 2002). Outras obras do autor foram, igualmente, lançadas no Brasil, mas com menos repercussão: "Elementos de teoria e pesquisa da comunicação e da mídia" (Letras Contemporâneas, 2004), "Introdução à análise do discurso jornalístico impresso: um guia para estudantes de graduação" (Letras Contemporâneas, 2004), "Fotojornalismo: introdução à história, às técnicas e à linguagem da fotografia na imprensa" (Letras Contemporâneas, 2004) e "Planificando a comunicação em relações públicas" (Letras Contemporâneas, 2004).

Com forte impulso de José Marques de Melo, estudiosos portugueses criaram, à semelhança da INTERCOM, entidade que reúne os pesquisadores lusitanos do campo da Comunicação Social, a SOPCOM – Associação Portuguesa de Ciências da Comunicação (1998). A estas duas entidades, sucessivamente, se aproximaram professores de Moçambique, Angola e Cabo Verde, eis que um conjunto significativo desses jovens estudiosos, que pretendiam tornar-se ativos neste campo, completavam sua formação acadêmica, sobretudo ao nível da Pós-Graduação, ou em Portugal, ou no Brasil. Inspirados nas entidades destes dois países, organizaram-se, gradualmente, as entidades de Moçambique e do Cabo Verde, respectivamente. A ACICOM – Associação Moçambicana de Ciências da Informação e da Comunicação (2013) surgiu a partir da articulação do pesquisador Tomás Jane (Escola Superior de Jornalismo), e a MEDIACOM – Associação Cabo-verdiana de Ciências da Comunicação (2012), pela liderança de Silvino Évora (Universidade de Cabo Verde). Estas entidades foram antecedidas pela LUSOCOM – Federação das Associações

Lusófonas de Ciências da Comunicação (1998), cuja liderança coube a Moisés Martins (Universidade do Minho).

Por sua proximidade cultural e linguística com Portugal, na região espanhola da Galícia, pesquisadores da Universidade de Santiago de Compostela, com participação de colegas de outras duas universidades galegas (Universidade de Vigo e Universidade de La Coruña) fundaram, por seu lado, a AGACOM – Associação Galega de Investigadores e Investigadoras de Comunicação (2006), cuja primeira presidente foi Margarita Ledo. É de se destacar que Jorge Pedro tivera sua formação em Compostela, junto à Margarita Ledo.

Por fim, a partir de 2001, e também por iniciativa de José Marques de Melo, constituiu-se, no Brasil, a Rede ALCAR – Rede Alfredo de Carvalho, pioneiro da pesquisa sobre jornalismo no país, ainda no século XIX. Presidida inicialmente pelo próprio José Marques de Melo, a rede depois foi dirigida por Marialva Barbosa. Hoje em dia, sua presidente é Christina Musse (UFJF) e Antonio Hohlfeldt é seu vice--presidente. Nesta rede tem exercido forte atividade, dentre outros pesquisadores, Ana Regina Rêgo (UFPI), que atuou inicialmente como Diretora de Projetos e Diretora Regional Nordeste e, posteriormente, foi igualmente sua presidente. Hoje, a Rede ALCAR denomina-se Associação Brasileira de Historiadores da Mídia, a qual, a partir do Congresso da Asociación de Historiadores de la Prensa y el Periodismo de Iberoamérica, celebrado na Universidade de Valencia, na Espanha, começou a negociar (através de contatos prévios no X congresso de ALCAR, em 2015, em Porto Alegre, entre a presidente Ana Regina Rêgo e Alberto Pena-Rodríguez, naquela altura professor convidado no programa de Doutoramento da

PUC-RS), um protocolo de colaboração com a Asociación de Historiadores de la Comunicación (AsHisCom), criada em 1992 e atualmente dirigida por Concha Langa (Universidad de Sevilla), tendo Jorge Pedro Sousa em seu colegiado diretivo.

Um dos GPs constituídos na INTERCOM era o de Folkcomunicação, inspirado nas pesquisas do primeiro Doutor em Comunicação Social titulado no Brasil, Luiz Beltrão, da Pontifícia Universidade Católica de Pernambuco (UNICAP, 1961), e que foi o criador do primeiro curso de Jornalismo no país, constituído no âmbito da Faculdade de Filosofia. Foi ele, também, quem criou a primeira instituição acadêmica de pesquisa em comunicação social, o ICINFORM – Instituto de Ciências da Informação (1963), que passou a editar a primeira revista universitária sobre o tema, "Comunicações & Problemas" (1965). Este GP deu origem, a partir de 1995, mais uma vez sob inspiração de José Marques de Melo, que havia sido aluno e se tornara o principal discípulo de Luiz Beltrão, à Rede FOLKCOM, hoje Rede de Estudos e Pesquisa em Folkcomunicação, que não extinguiu o GP ainda hoje existente na INTERCOM, mas permitiu a expansão de suas relações internacionais, com participação, em seus congressos, de colegas convidados de diversos países, americanos ou europeus. A Rede, atualmente, é dirigida por Guilherme Fernandes (Universidade Federal do Recôncavo da Bahia), sendo Antonio Hohlfeldt seu Diretor de Relações Internacionais.

A partir de um congresso internacional da Rede ASSIBERCOM, ocorrido em 2019, na Pontifícia Universidad Javeriana, em Bogotá, na Colômbia, surgiu a ideia da constituição de uma nova rede de pesquisadores sobre a história do jornalismo na América Latina, a REHLAM – Rede Latino-americana de História da Mídia, concretizada no ano seguinte, e que tem, em sua direção colegiada, Eduardo Gutierrez (Pontificia Universidad Javeriana) e Marialva Barbosa, além de Ana Paula Goulart Ribeiro, sendo integrantes da mesma, dentre outros, Antonio Hohlfeldt, Ana Regina Rêgo, Eduardo Morettin e Aline Strelow.

O levantamento e a referência de todo este conjunto de instituições e de pesquisadores evidencia o quão complexa e difícil é a criação e a expansão de redes de pesquisa que, se de um lado, e primariamente, resultam de relações pessoais entre pesquisadores, secundariamente, porém, como nenhum pesquisador está isolado, mas tem um determinado vínculo com uma instituição universitária e integra ao menos uma das organizações de pesquisa, vão se concretizando, como uma espécie de teia de aranha (a imagem da rede é muito fiel a esta realidade), de maneira que raramente um pesquisador se limita a manter relações apenas com uma dessas redes. De modo geral, todos participam e chegam a afiliar-se, inclusive a desenvolverem atividades diretivas em diferentes instituições, de onde a sua dinâmica que se expressa, simultaneamente, em pesquisas conjuntas – traduzidas em trabalhos assinados por mais de um desses estudiosos, papers apresentados em congressos e livros editados nos diferentes países e nos vários idiomas que constituem as identidades nacionais de cada autor – em projetos de orientação em Doutorados ou em coorientações nestes mesmos Programas de Pós-Graduação, distribuindo-se em cadeias que nascem nos cursos de Graduação e chegam aos estágios de Pós-Graduação, permitindo estudos comparativos extremamente enriquecedores para a compreensão dos fenômenos de desenvolvimento dos diferentes processos da Comunicação Social e, em especial, do Jornalismo, nos vários continentes e nas múltiplas nações.

Ana Regina Rêgo teve sua formação de Doutoramento na Universidade Metodista de São Paulo, com orientação de Wilson Bueno, e na Universidade Autônoma de Barcelona, sob a orientação de Manuel Parés i Maicas, realizando estudos de pós-doutorado na Universidade Federal do Rio de Janeiro, com orientação de Marialva Barbosa; Jorge Pedro Sousa, por seu lado, tem Doutoramento na Universidade de Santiago de Compostela, sob orientação de Margarita Lêdo, e desenvolveu a sua investigação de pós-doutoramento na mesma Universidade, sob a supervisão de Xosé López García; Alberto Pena-Rodriguez obteve o Doutoramento europeu pelas universidades Complutense de Madrid e Coimbra, e integra ou colabora, dentre outras associações, com a Rede ALCAR, a AsHiSCom e a Asociación Española de Investigación em Comunicación (AE-IC), na que atualmente dirige a Seção de História da Comunicação Social; Marialva Barbosa já foi presidente da Associação Brasileira de Pesquisadores de História da Mídia – ALCAR, da INTERCOM e dirige, atualmente, a REHLAM; Antonio Hohlfeldt já foi presidente da INTERCOM, integrando atualmente as diretorias da Rede ALCAR e da Rede FOLKCOM; em síntese, todos os pesquisadores e professores que aqui reúnem suas experiências, cruzam-se em diferentes instâncias, em múltiplos congressos internacionais e em publicações variadas, que vão abrindo caminhos e fixando o campo de estudos da história da comunicação social e, muito especialmente, do jornalismo.

Em 2008, José Marques de Melo criou ainda a SOCICOM-Federação Brasileira das Associações Científicas e Acadêmicas da Comunicação, que reúne atualmente 14 associações do campo da comunicação, incluindo ALCAR, INTERCOM, SBPJOR, ABRAPCORP, ABEJ, ABP2, ABPEducom e ABPCOM, dentre outras. Ana Regina Rêgo esteve atuando na Federação como Diretora de Relações Internacionais e posteriormente como Presidenta, até dezembro de 2020. A Federação reúne as demandas de políticas científicas de todas as associações do campo e realiza ações junto às agências de fomento, Ministérios e Congresso Nacional, dentre outras frentes de atuação.

Jorge Pedro Sousa, Marialva Barbosa e Antonio Hohlfeldt, por exemplo, junto com Helena Lima (Universidade do Porto), coordenaram a edição de "A history of the press in the portuguese-speaking countries" (Media XXI, 2014), cujos capítulos foram assinados, dentre outros, pelos próprios organizadores, além de Ana Paula Goulart Ribeiro. A versão em português, desdobrada em dois volumes (2017 e 2018), sob o título "Uma história da imprensa lusófona" (Media XXI).

Mas bem antes, em 2003, Jorge Pedro Sousa coordenara, na Universidade Fernando Pessoa, o I Congresso Luso-Brasileiro de Estudos Jornalísticos e o II Congresso Luso-Galego de Estudos Jornalísticos. A edição de suas atas (UFP, 2004), traz, entre seus participantes, Ana Regina Rêgo. Os congressos luso-brasileiros e luso-galegos continuaram por mais três anos, a que se sucederam quatro Jornadas Internacionais de Jornalismo, evento anual que, celebrado, também, na Universidade Fernando Pessoa, reuniu sempre vários pesquisadores brasileiros, portugueses e galegos, como convidados ou participantes, e que têm as suas atas publicadas em CD-ROM e no Repositório da UFP. José Marques de Melo esteve presente em todos eles, tendo participado, também, como convidados, em alguns deles, Antonio Hohlfeldt, Marialva Barbosa e Ana Regina Rêgo, dentre outros pesquisadores brasileiros e galegos. Mais recentemente, em 2021, Marialva Barbosa participou, como oradora convidada, na III Conferência Internacional – História do Jornalismo em Portugal, evento organizado por Jorge Pedro Sousa e Carla Baptista no ICNOVA – Instituto de Comunicação da NOVA.

Num volume organizado por Marialva Barbosa, a partir do congresso da INTERCOM de 2000, o GP de Jornalismo reúne ensaios variados de autoria, dentre outros, de Ana Paula Goulart Ribeiro e Antonio Hohlfeldt.

Ana Regina Rêgo, por seu lado, com Antonio Hohlfeldt, Maria Berenice Machado, Jaume Guillamet, Alberto Pena-Rodríguez e Jorge Pedro Sousa, foram os organizadores dos volumes "Os desafios da pesquisa em história da comunicação: Entre a historicidade e as lacunas da historiografia" (EDIPUCRS, 2019) – este, com a participação da AsHisCom, da Espanha, e da SOPCOM, de Portugal, com artigos, dentre outros, dalguns dos organizadores, além de Marialva Barbosa ou Antonio Checa Godoy, e "Tempo & Memória" (EDIPUCRS, 2020), com artigos, dentre outros, dos organizadores, além de Ranielle Leal Moura, que realizou seu Doutoramento com Antonio Hohlfeldt, alcançando uma bolsa-sanduíche junto de Jorge Pedro Sousa, na Universidade Fernando Pessoa. Ana Regina Rêgo, Ranielle Leal Moura e Antonio Hohlfeldt, também participaram de simpósio organizado em Paris, o XXVII Conference of International Association for Media and History, abordando o tema "Iconographic coverage of Word War I in Portuguese speaking countries illustrated magazines" (2017). Ademais, Antonio Hohlfedt foi professor convidado na Universidade de Vigo, em 2016, onde ministrou o curso "La comunicación en Latinoamérica: una visión desde Brasil", e Ana Regina Rêgo foi oradora convidada nos congressos da AsHisCom, no Porto (2017) e Santiago de Compostela (2019).

Ana Regina Rêgo tem organizado publicações que possuem como foco principal a reunião de pesquisa com temáticas em comum, mas que tragam contribuições consistentes e que reúnam pesquisadores do Brasil, Portugal, França e Espanha. Além dos livros já mencionados e de sua atuação na ALCAR, Ana Regina Rêgo organizou, em 2012, "Imprensa-perfis e contextos", do qual participam Antônio Hohlfeldt, Manuel Parés i Maicas e Jorge Pedro Sousa, dentre outros. Em 2014, editou "Narrativas do jornalismo e narrativas da história", livro do qual participam Antonio Hohlfedt, Ranielle Leal, Ana Paula Goulart e Manuel Parés i Maicas, dentre outros autores. Recentemente, em 2021, Ana Regina Rêgo e Marialva Barbosa realizaram entrevistas com os historiadores Peter Burke e Roger Chartier, publicadas em revistas científicas do campo da comunicação no Brasil (Revista FAMECOS) e América Latina (Revista ALAIC). Em todos os casos, assim como, nos demais aqui relatados, a difusão do conhecimento produzido, sempre em rede, tem sido de máxima importância na atuação dos pesquisadores junto aos núcleos e grupos de pesquisa, contribuindo, deste modo, para a formação de novos investigadores.

Jorge Pedro Sousa, ao longo dos anos, tem organizado diferentes publicações que acompanham os mais diversos temas em torno da história do jornalismo luso-brasileiro, resultando em obras como "Jornalismo: História, Teoria e Metodologia da Pesquisa. Perspetivas Luso-Brasileiras" (Edições Universidade Fernando Pessoa, 2008), "Balas de papel: a imprensa ilustrada e a Grande Guerra (1914-1918): Estudos sobre revistas de Portugal, Brasil e Espanha" (Media XXI, 2015), ou "Imprensa e mudança: Portugal e Brasil no primeiro quartel de Oitocentos." (ICNOVA, 2020), este em acesso online livre.

Alberto Pena-Rodríguez, por seu lado, no quadro do projeto "Para uma história do jornalismo em Portugal", financiado pela Fundação para a Ciência e a Tecnologia de Portugal, sob a coordenação de Jorge Pedro Sousa e Carla Baptista, organizou, com Antonio Hohlfeldt, "Para uma história do jornalismo português no mundo" (ICNOVA, 2021), sendo que, neste volume, assinam ensaios, dentre outros, os próprios organizadores. Antes deste projeto editorial, de que participaram investigadores de diversas universidades europeias e americanas, e dentro do diálogo e intercâmbio acadêmico e científico transatlântico, Alberto Pena-Rodríguez, que foi orador convidado em vários congressos da FOLKCOM (2012), da INTERCOM (2014) e da ALCAR (2015 e 2017), publicou, em colaboração com Maria Luiza Tucci Carneiro, da Universidade de São Paulo, e Esther Gambi Jiménez, da Universidade de Salamanca, o livro editado na Coleção de Comunicação da EDIPUCRS, "Portugal, Brasil e a Guerra Civil de Espanha: Imprensa, diplomacia e fascismo" (2014). Mais recentemente, tem assinado várias obras sobre a história do jornalismo e da imprensa no contexto lusófono ou latino-americano, como "News on the American dream. A history of the Portuguese press in the United States" (Univerity of Massachusetts Press, 2020), "Comunicar en la diáspora.

Prensa, periodismo, exilio y propaganda entre los inmigrantes portugueses en Estados Unidos" (Comares, 2021) ou coeditado o volume "Nuevas perspectivas historiográficas en Comunicación: Abordajes sobre la prensa en España, Portugal y América Latina" (Comunicación Social, 2021), com participação também de Jorge Pedro Sousa.

Moisés Martins, da Universidade do Minho, a partir da SOPCOM, organizou, dentre outros, volumes em que estão estampados ensaios de Antonio Hohlfeldt, como "Lusofonia e interculturalidade" (HUMUS, 2015), "A internacionalização das comunidades lusófonas e ibero-americanas de ciências sociais e humanas" (HUMUS, 2017) e "Cibercultura, regulação mediática e cooperação" (CECS – Centro de Estudos das Ciências Sociais, 2018).

A partir de congressos realizados pela LUSOCOM, dentre outras iniciativas, Antonio Hohlfeldt teve um artigo selecionado para o livro "Media and the portuguese empire", organizado por José Luiz Garcia, Chandrika Kaul, Filipa Subtil e Alexandra Santos (Palmgrave Mcmillan, 2017).

Organizado por José Marques de Melo e Antonio Hohlfeldt, a tese de doutoramento de Luiz Beltrão, que deu origem aos estudos sobre Folkcomunicação no Brasil, foi publicada em sua íntegra em 2001 (EDIPUCRS), recebendo uma segunda edição em 2014; o mesmo José Marques de Melo, com Guilherme Fernandes, coordenou o alentado volume "Metamorfose da Folkcomunicação", uma antologia de ensaios referenciais do campo (EDITAE, 2013), de que participam, dentre outros, além dos organizadores, Antonio Hohlfeldt, que também assina ensaio do livro "A folkcomunicação no limiar do século XXI", coordenado por Guilherme Fernandes e outros diretores da Rede Folkcom (Editora UFJF, 2012), trazendo estudos, dentre outros, de José Marques de Melo e do organizador, Guilherme Fernandes.

Marialva Barbosa responde, igualmente, por uma série de livros editados a partir dos diferentes congressos nacionais da INTERCOM, dentre os quais "Quem tem medo da pesquisa empírica?" (UNICAP/INTERCOM, 2011), de que constam artigos, dentre outros, de José Marques de Melo, Antonio Hohlfeldt e Jorge Pedro Sousa.

Essas referências bibliográficas não pretendem ser exaustivas em torno da produção de cada pesquisador, pois aqui nem chegam a ser detalhados os artigos e comunicações apresentados em diferentes congressos, por exemplo. Mas evidenciam a produtividade e a multiplicidade dos enfoques desenvolvidos, a abrangência temática e a dinâmica alcançada por tais grupos. Isso explica, por certo, a vitalidade que o campo da Comunicação Social – aí incluído os estudos sobre Jornalismo e em especial a história do jornalismo luso--brasileiro e ibero-americano – vêm alcançando.

Os estudos realizados sob a temática da história da imprensa e do jornalismo, assim como de outras áreas da Comunicação, adotam, cada vez mais, a perspectiva comparada ou conectada, para os quais a constituição de redes de pesquisa, nacionais e internacionais, são indispensáveis. Exemplar, neste sentido, tem sido o trabalho iniciado pela Rede Latino-Americana de História da Mídia (REHLAM), já referida neste artigo, e que reúne meia centena de pesquisadores de diversos países da América Latina. A escolha da abordagem metodológica da conexão significa igualmente aproximação dos processos e caminhos históricos da América

Latina, permitindo o deslocamento da visão transnacional em favor de uma história que enfatize as conexões, muitas vezes encobertas e esquecidas, existentes no território cultural latino-americano. Tais conexões permitem pensar dinamicamente uma história própria e independente, deste continente, em face das quase sempre privilegiadas histórias a partir da Europa ou dos Estados Unidos, evidenciando processos muito mais ricos e múltiplos, tão valiosos quanto aqueles mais referidos e valorizados.

Em síntese, espera-se que este relato possa inspirar a organização de outras redes e grupos de pesquisa, sugerindo caminhos e alternativas. Sobretudo, que promova o entusiasmo, entre os jovens professores, no sentido de se aproximarem e se articularem em grupos de pesquisa que permitam, de modo especial, os estudos comparados, estudos estes que ajudam a entender os processos nacionais e regionais a partir da aproximação com outros processos aparentemente distantes e nem sempre identificados, num primeiro momento, com os temas de seu interesse.

A midiatização da gestão estratégica da comunicação: possibilidades de pesquisas em uma perspectiva sistêmica e complexa

Victor Laus Gomes[1] e Cleusa Maria Andrade Scroferneker[2]

Introdução

A gestão estratégica da comunicação é um tema recorrente entre autores e pesquisadores, explorado sob diferentes perspectivas. Tradicionalmente, parece haver um consenso de que ela depende da integração, sinergia e articulação entre modalidades de comunicação, de forma a construir imagens e relacionamentos entre as organizações e seus públicos (Lupetti, 2012; Kunsch, 2009; Weber, 2009), visando a metas e resultados estabelecidos em planos estratégicos (Yanaze; Freire; Senise, 2010). No contexto das transformações digitais e das mudanças no comportamento de consumo, há também uma ênfase em abordagens holísticas capazes de "rever hierarquias de poder e estabelecer diálogos entre todos os aspectos da comunicação" (Longo, 2014, p. 16) para dar conta de um ambiente imprevisível e caótico.

---

[1] Professor da Universidade Católica de Brasília. Doutorado em Comunicação Social pela Pontifícia Universidade Católica do Rio Grande do Sul. Coordenador do Núcleo de Estudos Comunicacionais de Gestão e Estratégia (UCB/CNPq). E-mail: victorlaus@gmail.com.

[2] Professora Titular da Escola de Comunicação, Artes e Design – Famecos da Pontifícia Universidade Católica do Rio Grande do Sul. Pós-Doutorado e Doutorado em Ciências da Comunicação pela Universidade de São Paulo. Coordenadora do Grupo de Pesquisa GEACOR/CNPq. Bolsista Produtividade CNPq 2

De acordo com Saad (2021, p. 15) "A proposição de uma visão de mundo que ultrapasse as fronteiras corporativas para que se pense em todo o tecido social evidencia a comunicação como um meio conector de processos em transformação". Essa proposição, por sua vez, ao evidenciar o espaço da comunicação, entendido como "Um lugar praticado" (Certeau, 2014, p.184), nos estimula a (re)pensar a comunicação organizacional, considerando a gestão estratégica da comunicação sob uma perspectiva sistêmica e complexa.

Nessa perspectiva, a gestão estratégica da comunicação é compreendida por meio de decisões voltadas à construção de imagens, percepções, sentimentos, relacionamentos e comportamentos. Essa compreensão tem origem em uma leitura comunicacional da estratégia (Gomes, 2016; 2104), baseada na teoria sistêmica de Niklas Luhmann (2016; 2011; 2006; 2005; 1997a; 1997b) e na abordagem discursiva de Eliseo Verón (2014; 2004; 1996; 1980).

Com tais reflexões iniciais propomos um exercício teórico de articulação da gestão estratégica da comunicação com as noções de decisão, no contexto de expansão dos diferentes meios técnicos envolvidos nas práticas gerenciais, com base no questionamento de como as decisões estratégicas de comunicação são afetadas pela midiatização das práticas de gestão. Chanlat (2010, p.5), à luz de uma abordagem antropológica, que busca recuperar a centralidade e a integralidade do indivíduo afirma que "[...] as práticas de gestão são produtos da ação humana, frutos de experiências, e que essas práticas em si, destacam a ordem do que foi vivido".

Em condições de produção marcadas por uma "incerteza estrutural", que dificulta tentativas de prever o sucesso dos produtos e pressupõe a criatividade e a capacidade de inovação como fatores-chave de sucesso (Greffe, 2015), as indústrias criativas têm a convergência entre arte, negócios e tecnologia como uma de suas principais características (Bendassoli *et al.*, 2009). No caso específico da gestão estratégica da comunicação, esse aspecto ganha ainda mais relevância, ao considerarmos as diferentes atividades envolvidas na cadeia de valor dos serviços de comunicação, que se constituí desde profissionais autônomos responsáveis pela criação e produção de materiais de comunicação, passando por agências e assessorias, além de gestores de comunicação, até grandes empresas que dominam as plataformas de distribuição de conteúdo.

A digitalização transforma a experiência de consumidores e a gestão da comunicação, visto que "Mais do que disrupção, é preciso assumir que a comunicação contemporânea atua como mediadora e canal de midiatização num cenário totalmente fluído e movente [...] (Saad, 2021, p. 15). Enquanto tendências apontam para novos comportamentos no consumo de campanhas e estratégias comunicacionais, com ênfase em experiências integradas, multissensoriais e multiplataformas (Oréfice, 2021), importa destacar as transformações dos processos e práticas de gestão suscitadas pelas tecnologias de apoio às decisões estratégicas. A automatização da compra de mídia, os gerenciadores de campanhas e as plataformas de CRM (*Customer Relationship Management*) são exemplos dessas inovações tecnológicas. Esse contexto caracteriza uma ambiência digital que configura e condiciona a percepção, a cognição e, consequentemente, as decisões estratégicas de profissionais envolvidos com as atividades de planejamento, implementação e controle das estratégias comunicacionais das organizações. Assim como transformam o consumo, os suportes digitais afetam as lógicas de produção e gestão. Destarte, a noção de midiatização que adotamos, em consonância com Barichello (2014), vislumbra a apropriação de lógicas midiáticas em práticas de diversos campos sociais. Reconhecemos, assim como Silva e Baldissera (2021, p. 40), que "[...] a complexidade que entrelaça e constitui o processo comunicativo, atenta especialmente para as interações, os contextos e as significações já construídos, as disputas e as negociações de sentidos entre sujeitos em relação". Esse entrelaçamento se manifesta nos processos que 'marcam' a gestão estratégica da comunicação e que passam a demandar outras lentes paradigmáticas para a sua compreensão.

As decisões estratégicas de comunicação e a midiatização

Sob uma perspectiva sistêmica e complexa, as transformações da gestão da comunicação podem ser compreendidas em/na relação com fenômenos midiáticos, os quais pressupõem as consciências ou sistemas psíquicos (Luhmann, 2016; 2011) e consistem na "exteriorização dos processos mentais na forma de dispositivos materiais" (Verón, 2014, p. 14). Este pode ser um caminho para a compreensão das organizações, dos processos e práticas de gestão, de suas decisões estratégicas e de sua relação com dispositivos de apoio à gestão. Esses fenômenos, evidenciados não apenas nos dispositivos materiais, como também na não linearidade e no desequilíbrio dos processos comunicacionais, constituem precondição para um sistema complexo como o organizacional, para sua autopoiese[3] e para sua relação permanente com o entorno. Segundo Weathley (2006, p. 42) "A *autopoiesis* aponta para um universo bastante diferente no qual todos os organismos são capazes de criar um 'eu' mediante a íntima ligação com todos os organismos do seu sistema" (grifos da autora). Os fenômenos midiáticos e os dispositivos tecnológicos/midiáticos, nessa visada, estariam na gênese das organizações, nos processos de circulação de sentidos que distinguem e mantém esses sistemas.

Para Luhmann (2005), a comunicação, ao mesmo tempo em que é responsável pela autorreprodução ou autopoiese das organizações, possibilita a relação com outros sistemas. A decisão, segundo o autor, constitui, antes de uma operação mental, uma forma específica de comunicação. Nesse sentido, podemos dizer que a decisão não é tomada e depois comunicada. Ao enunciar e produzir sentidos, ela também pode ser compreendida em sua dimensão discursiva. Ela é abrangente e não se restringe a comportamentos regidos por uma ideia de racionalidade absoluta. Compreender a decisão como uma forma de comunicação pressupõe considerar a racionalidade múltipla envolvida nos comportamentos decisórios.

Assim, a decisão deixa de ser um processo sequencial, linear, consciente, deliberado e planejado, em que um conjunto de alternativas é avaliado, e a melhor escolha é feita, passando a ser compreendida como a expressão de um conjunto amplo

---

[3] A autopoiese do sistema social, para Luhmann (2011; 2016), é a (re)produção autorreferencial do sistema, que origina e mantém a distinção sistema/ambiente, que tem a comunicação como sua operação essencial.

de fatores inter-relacionados que, além da razão, envolvem afeto[4], intuição e relações sociais. Para Sodré (2006, p. 68).

Compreender significa agarrar a coisa com a mão, abarcar com os braços (do latim *cum-prehendere*), isto é, não se separar [...] O requisito essencial da compreensão é, assim, o *vínculo* com a coisa que se aborda, com o outro, com a pluralidade dos outros, com o mundo.

A comunicação, na perspectiva acima delineada, constitui a essência da estratégia organizacional, que pode ser compreendida como um conjunto de decisões voltadas para a construção e sustentação das fronteiras sistêmicas organizacionais. A gestão estratégica, por sua vez, é compreendida como um conjunto de práticas e processos decisórios em que as estratégias são formadas. Para além dessas possibilidades, propomos que a própria gestão da comunicação seja examinada e discutida em sua dimensão comunicacional por meio das noções de decisão e midiatização.

O pressuposto que fundamenta esta reflexão é o de que as decisões estratégicas de comunicação são configuradas/formadas em processos de midiatização, tanto direta quanto indireta. Conforme Hjarvard (2012, p. 67), "a midiatização indireta de uma atividade ou esfera tem um caráter mais sutil e geral e está relacionada ao aumento geral da dependência por parte das instituições sociais e dos recursos de comunicação". Esta "dependência sutil" poderia ser relacionada, por

---

[4] Para Sodré (2006, p. 28) " O afeto supõe uma imagem ou uma ideia, mas a ela não se reduz, por ser puramente transitivo e não representativo".

exemplo, à necessidade de legitimação e de institucionalização das decisões organizacionais. Pallas, Jonsson e Strannengard (2014) defendem que ideias, normas, valores e interpretações trazidos pela mídia podem se tornar padrões e servirem como uma forma de avaliar as organizações e de legitimá-las. De acordo com estes autores, a legitimidade de uma organização depende, muitas vezes, de como ela se adequa a formatos ou "*templates*" organizacionais, que também podem ser compreendidos como lógicas institucionais em voga na sociedade. Sodré (2006, p. 16) destaca que:

> A diferença introduzida por uma abordagem compreensiva da Comunicação está no fato de já inscrever a aplicação do ato interpretativo (ou seja, inscrever o "comunicativo" no "comunicacional"), por que os objetos comunicacionais descrevem e integram a experiência imediata e comum, que a *midiatização,* isto é, da articulação das instituições com as mídias – o *bios* virtual – a nova esfera existencial em que estamos todos sensorialmente imersos (grifos do autor).

Gomes, Andreoni e Diehl (2018, p. 328) defendem a relação entre as práticas institucionalizadas e as ações organizacionais, representadas em decisões/discursos[5], em um processo de midiatização indireta, quando afirmam que

---

[5] "Movimentos dos sentidos, errância dos sujeitos, lugares provisórios de conjunção e dispersão, de unidade e de diversidade, de incerteza, de trajetos, de ancoragem e vestígios: isto é o discurso, isto é o ritual da palavra. Mesmo o das que não se dizem" (ORLANDI, 2012, p.10).

[...] em seus universos autorreferenciados de sentidos, os sistemas organizacionais percebem essas publicações e se apropriam de termos e práticas que passam a fazer parte de seus processos comunicacionais e, com isso, configuram suas estratégias organizacionais. De outro lado, também em um sistema autorreferenciado, as notícias (re)produzem sentidos sobre termos e práticas adotados pelas organizações.

A partir dessa perspectiva, emergem oportunidades de pesquisa relacionadas à semântica da gestão estratégica da comunicação e à relação entre as diferentes instâncias envolvidas nos processos de midiatização, relação que preserva as autonomias, "des-contextualiza os significados" (Verón, 2014), e é essencial para a sobrevivência das organizações. Não só pela legitimação de práticas e de discursos, mas, principalmente, por desestabilizar e possibilitar novas configurações sistêmicas.

Da mesma forma, importa destacar os processos de midiatização direta (Hjarvard, 2012) da gestão estratégica da comunicação, com a ampliação de aparatos tecnológicos que são incorporados em práticas de planejamento, execução e controle de uma programação de mídia, por exemplo. Pesquisar perfis e comportamentos de audiências, acessar *ad networks* para programar, adquirir e controlar inserções em mídias digitais são práticas corriqueiras nos negócios da era digital. Assim como o monitoramento de mídias sociais e a utilização de ferramentas de escuta podem apoiar a criação de conteúdos mais adequados aos interesses de diversos segmentos de audiência (ROWLES, 2019). Essas redes de anúncios podem ser compreendidas, por uma perspectiva sistêmico-discursiva, como um espaço de interconexão e de configuração de redes decisórias, onde os sentidos das estratégias e práticas gerenciais da comunicação são (re)configurados e as decisões são formadas.

Decisões estratégicas de comunicação como a seleção de públicos, definição dos conteúdos das mensagens e dos meios mais adequados para veiculação (Yanaze; Freire; Senise, 2010) parecem afetadas por processos de midiatização direta ou indireta. Seja por meio da difusão de práticas em veículos especializados ou pela adoção de tecnologias de apoio a essas decisões, há uma permanente (re)configuração de sentidos em torno da gestão estratégica da comunicação.

Na publicidade e nos serviços em comunicação, com a ampla adoção de tecnologias de apoio aos processos de produção e de gestão, tais como programas, aplicativos, *dashboards* e plataformas de gestão, são configurados dispositivos midiáticos[6] (Ferreira, 2007; 2006) em que as decisões são formadas, ou seja, concebidas e materializadas em ações, procedimentos, produtos, textos, entre outros. Em suas dimensões sociais, tecnológicas e linguísticas, esses dispositivos (re)configuram os processos decisórios, produzem verdadeiros "acoplamentos entre tecnologia, técnica e linguagem" (Ferreira, 2006, p. 141), e indicam possibilidades de pesquisas

---

[6] De acordo com Ferreira (2007), "a materialização dos dispositivos sociais em geral em dispositivos midiáticos transcorre pelo que chamamos de cobertura de ciclos funcional, simbólico e cognitivo das ações sociais em geral, e comunicativa, em específico, às materialidades resultantes das diversas operações que agrupamos como socioantropológicas, semio-discursivas, e técnicas e tecnológicas".

relacionadas à forma[7] e à semântica[8] das decisões estratégicas de comunicação. Revisitar conceitos sobre comunicação, estratégia e gestão [dentre outros] e recorrer a outras lentes paradigmáticas se constituem em caminhos possíveis para viabilizar essas pesquisas.

Considerações em (des)construção...

O pensar comunicacional fragmentado, que exclui e recorta, que estimula o 'ou' (grifo nosso), pautado na visão dicotômica de/do mundo, em abordagens instrumentais/ operacionais marcadas pelo fazer se fazem presentes no cotidiano das práticas de gestão. As tentativas de romper com essas amarras que revelam o predomínio do Paradigma Simplista ou Simplificador[9] (Morin, 2015), nem sempre são fáceis. Para Morin (2015, p. 106) "O modo de pensamento ou de conhecimento fragmentado, compartimentalizado,

---

[7] Para Luhmann (2005), as decisões são formas que distinguem os sistemas organizacionais do entorno e garantem a sua criação e preservação ou, em outras palavras, unidades de uma diferença. A compreensão da forma (Andersen, 2003), envolve a desconstrução de dualidades centrais inerentes às decisões, ou seja, das fronteiras da comunicação e dos paradoxos revelados por ela.

[8] Conforme, Andersen (2003), em uma perspectiva sistêmica, a comunicação é capaz de desenvolver estruturas que condensam sentido em formas, que são libertadas da condição momentânea de atualização. Condensação significa que uma multiplicidade de sentidos é capturada em uma única forma, que subsequentemente se faz disponível para uma comunicação indefinida. Consequentemente, a semântica é caracterizada como a quantidade de formas generalizáveis de diferenças (por exemplo, conceitos, ideias, imagens e símbolos) disponíveis para a seleção de sentidos nos sistemas de comunicação.

[9] Para Morin (2006, p. 59) "é um paradigma que põe ordem no universo, expulsa dele a desordem. A ordem se reduz a uma lei, a um princípio. A simplicidade vê o uno, ou o múltiplo, mas não consegue ver que o uno pode ser ao mesmo tempo múltiplo. Ou o princípio da Simplicidade separa o que está ligado (disjunção), ou unifica o que é diverso (redução)".

monodisciplinar, quantificador, nos conduz a uma inteligência cega [...]".

O pensamento sistêmico, no dizer de Capra e Luisi (2014, p. 96) "é 'contextual', que significa o oposto do pensamento analítico[10]. A análise significa separar as partes e considerar isoladamente uma dela para entendê-las: o pensamento sistêmico significa colocá-la no contexto de uma totalidade maior". Para Vasconcelos (2016, p. 147) "[...] pensar sistemicamente é pensar a complexidade, a instabilidade e a intersubjetividade". Questionando a contextualidade destacada por Capra e Luisi (2014), Vasconcenlos (2016, p. 158) considera que o pensamento sistêmico é também 'relacional' no sentido de estar necessariamente relacionado ao sujeito/observador". Esse sujeito/observador sistêmico, tendo ultrapassado uma forma de pensar disjuntiva e adotando a atitude "e-e" (grifo da autora), ele pensará a articulação" (Vasconcelos, 2016, p. 159), e que no dizer de Morin (2015) implica em religação. "É necessário *aprender a aprender (*grifo do autor), ou seja, aprender ao mesmo tempo separando e religando, analisando e sintetizando [...]. Um modo de pensar como esse requer a integração do observador em sua observação [...]" (Morin, 2015, p. 128-129).

Talvez, essa integração constitua a essência do pensamento complexo. Reiteramos que "O pensamento complexo não recusa de modo algum a clareza, a ordem, o determinismo. Ele os considera insuficientes, sabe que não se pode programar

---

[10] "Na abordagem analítica, reducionista, as próprias partes não podem ser analisadas posteriormente, a não ser que as reduzamos em partes ainda menores" (CAPRA;LUISI, 2014, p.96).

a descoberta, o conhecimento, nem a ação" (Morin, 2006, p. 83). Curvello (2007, p. 105), a partir de uma perspectiva de complexidade em Luhmann (2007), entende que "o pensamento complexo extrapola, portanto, os limites do pensamento linear, herdeiro de uma visão mecanicista do mundo". Nessa mesma linha de raciocínio, Marcondes Filho afirma (2009, p. 28) que "em verdade, as teorias sociais estiveram sempre preocupadas com as regularidades, com as ocorrências padrão, modelos e esquemas que subordinasse o real a leis conhecidas e o tornasse menos perigoso".

Sob essas lentes, configuram-se possibilidades de pesquisa em que a noção de midiatização contextualiza e, ao mesmo tempo, pode indicar novas abordagens sobre as práticas de gestão estratégica da comunicação. Por um lado, associa essas práticas a sua institucionalização em notícias, reportagens e postagens de veículos especializados, apontando para estudos voltados à compreensão da condensação de formas generalizáveis, ou seja, de uma semântica da gestão estratégica da comunicação. Por outro, aponta para a investigação de como as decisões de comunicação são afetadas/transformadas por dispositivos midiáticos incorporados nas práticas de gestão. A midiatização adentra a matriz das relações/interações sociais, transpassando características unicamente técnicas, uma vez que interfere diretamente nas formas de sociabilidade entre os interlocutores no processo comunicacional. De acordo com Braga (2012, p. 35) "Com a midiatização crescente dos processos sociais em geral, o que ocorre agora é a constatação de uma aceleração e diversificação de modos pelos quais a sociedade interage com a sociedade". Fausto Neto (2012, p. 93), por sua vez, afirma que "As mídias perdem este lugar de auxiliaridade e passam a se constituir uma referência engendradora no modo de ser da própria sociedade, e nos processos e interação entre as instituições e os atores sociais". Nesse sentido, a opção pelo pensamento sistêmico e complexo configura um caminho para o estudo dos paradoxos, da instabilidade e da intersubjetividade que caracterizam as transformações das práticas de gestão estratégica da comunicação, para além do instrumental, das prescrições e das certezas estabelecidas. As nossas pesquisas [em andamento] configuram-se nesse caminho.

Referências

ANDERSEN, Niels A. **Discursive analytical strategies: understanding Foucault, Koselleck, Laclau, Luhmann**. Bristol: The Policy Press, 2003.

BARICHELLO, Eugenia Mariano da Rocha. Midiatização e cultura nas organizações da contemporaneidade: o processo de midiatização como matriz de práticas sociais. In: MARCHIORI, Marlene (Org.). **Contexto organizacional midiatizado**. São Caetano do Sul: Difusão Editora, 2014.

BENDASSOLLI, P. F.; WOOD JR, T.; KIRSCHBAUM, C.; CUNHA, M. P. e. Indústrias Criativas: definição, limites e possibilidades. Rev. Adm. Empres., São Paulo, v. 49, n.1, p. 08-18, mar. 2009.

BRAGA, JL. Circuitos versus campos sociais. In: MATTOS, MA., JANOTTI JUNIOR, J., and JACKS, N., orgs. Mediação & midiatização [on-line]. Salvador: EDUFBA, 2012, pp. 29-52.

CAPRA, Fritjof; LUISI, Pier Luigi. **A visão sistêmica da vida**: uma concepção unificada e suas implicações filosóficas, políticas, sociais e econômicas. Trad. Mayra Teruya Eichemberg; Newton Roberval Eichemberg. São Paulo: Cultrix, 2014.

CHANLAT, Jean-François. **Gestão empresarial**: uma perspectiva antropológica. Trad. Laura Giollon. São Paulo: Cengage Learning, 2010 (Coleção debates em Administração).

CERTEAU, Michel de. **A invenção do cotidiano**. A arte de fazer. Trad. Ephrain Ferreira Alves. 22 ed. Petrópolis: Rio de Janeiro: Editora Vozes, 2014.

CURVELLO, João José. Autopoise e comunicação nos sistemas organizacionais. In: DRAVET, Florence, CASTRO, Gustavo de. e CURVELLO, João José (Org).**Os saberes da comunicação:** dos fundamentos aos processos. Brasília: Casa das Musas, 2007.

FAUSTO NETO, Antonio. Interação como contexto da Comunicação, In: **Revista Matrizes**. Universidade de São Paulo: São Paulo, 2012, V. 6, n,1, julio-diciembre, p. 25-41.

FERREIRA, Jairo. Uma abordagem triádica dos dispositivos midiáticos. Líbero, v. 1, 2006, p. 1-15.

FERREIRA, Jairo. Midiatização, processos sociais e de comunicação. **E-Compós**, v. 10, 2007. Disponível em: < http://www.e-compos.org.br/e-compos/article/view/196>. Acesso em: 28 mai. 2019.

GOMES, Victor M. L. R. **Uma leitura comunicacional da estratégia na perspectiva sistêmico-discursiva**. Tese (Doutorado em Comunicação Social) – Programa de Pós-Graduação em Comunicação Social, Pontifícia Universidade Católica do Rio Grande do Sul, Porto Alegre, 2014.

GOMES, Victor M. Laus Reis. **Uma leitura comunicacional da estratégia nas organizações**. Galáxia, n. 33, set.-dez., 2016, p. 226-238.

GOMES, Victor M. Laus Reis; ANDREONI, Renata; DIEHL, Ceci da C. Produção de sentidos e estratégia: interfaces entre a comunicação organizacional e o noticiário de negócios. **Chasqui: Revista Latinoamericana de Comunicación**, n. 137, abr.-jul., 2018, p. 299-312.

GREFFE, Xavier. **A economia artisticamente criativa**. São Paulo: Iluminuras, 2015.

HJARVARD, Stig. Midiatização: teorizando a mídia como agente de mudança social e cultural. **Matrizes**, ano 5, n.2, jan./jun. 2012, p. 53-91.

KUNSCH, Margarida M. K. Planejamento estratégico da comunicação. In: KUNSCH, Margarida M. K. **Gestão estratégica em comunicação organizacional e relações públicas**. São Caetano do Sul: Difusão Editora, 2009.

LONGO, Walter. **Marketing e comunicação na era pós-digital: as regras mudaram**. São Paulo: HSM do Brasil, 2014.

LUHMANN, Niklas. Por que uma "teoria dos sistemas"? In: NEVES, Clarissa E. B.; SAMIOS, Eva M. B. (orgs.). **Niklas Luhmann: a nova Teoria dos Sistemas**. Porto Alegre: Ed. Universidade/UFRGS, Goethe--Institut/ICBA, 1997a.

LUHMANN, Niklas. Novos desenvolvimentos na teoria dos sistemas. In: NEVES, Clarissa E. B.; SAMIOS, Eva M. B. (Org.). **Niklas Luhmann**: a nova Teoria dos Sistemas. Porto Alegre: Ed. Universidade/ UFRGS; Goethe-Institut/ICBA, 1997b.

LUHMANN, Niklas. The paradox of decision making. In: SEIDL, David. BECKER; Kai H. (Org.). **Niklas Luhmann and Organization Studies**. Copenhagen: Copenhagen Business School Press, 2005.

LUHMANN, Niklas. **A improbabilidade da comunicação**. Lisboa: Vega, 2006.

LUHMANN, Niklas. **Introdução à teoria dos sistemas**. Petrópolis: Vozes, 2011.

LUHMANN, Niklas. **Sistemas sociais: esboço de uma teoria geral**. Petrópolis: Vozes, 2016.

LUPETTI, Marcélia. **Gestão estratégica da comunicação mercadológica: planejamento**. São Paulo: Cengage Learning, 2012.

MARCONDES FILHO, Ciro.**Superciber**: A civilização místico-tecnológica do século 21. Sobrevivências e ações estratégicas. São Paulo: Paulus, 2009.

MORIN, Edgar. **Ensinar a viver**: manifesto para mudar a educação. Trad. Edgar de Assis Carvalho; Mariza Perassi Bosco. Porto Alegre: Sulina, 2015.

MORIN, Edgar. **Introdução ao pensamento complexo**. Trad.Eliane Lisboa. Porto Alegre: Editora Sulina, 2006.

ORÉFICE, Giovana. Futuro da publicidade é pautado em experiência, privacidade e inovação. **Proxxima**, 2021. Disponível em: <Futuro da publicidade é pautado em experiência, privacidade e inovação – Meio & Mensagem (proxxima.com.br)>. Acesso em 19 de set. de 2021.

PALLAS, Josef; JONSSON, Stefan; STRANNENGARD, Lars. Media and organizations: images, practices and organizing. In: PALLAS, Josef; STRANNENGARD, Lars; JONSSON, Stefan. **Organizations and the Media: Organizing in a Mediatized World**. Abingdon: Routledge, 2014.

ROWLES, Daniel. **Digital branding: estratégias, táticas e ferramentas para impulsionar o seu negócio na era digital**. São Paulo: Autêntica Business, 2019.

SAAD, Elisabeth. Comunicação organizacional e transformação digital: novos cenários, novos olhares. In: TERRA, Carolina; DREYER, Bianca Marder; RAPOSO, João Francisco (Org.). **Comunicação Organizacional**: práticas, desafios e perspectivas digitais. São Paulo: Summus editorial, 2021, p. 13-23.

SILVA, Diego Wander da; BALDISSERA, Rudimar. Comunicação organizacional e estratégias de (in)visibilidade. In: TERRA, Carolina; DREYER, Bianca Marder; RAPOSO, João Francisco (Org.). **Comunicação Organizacional**: práticas, desafios e perspectivas digitais. São Paulo: Summus editorial, 2021, p. 37-49.

SCROFERNEKER, Cleusa Maria Andrade (Org.). **O Diálogo possível**: comunicação organizacional e paradigma da complexidade. Porto Alegre: EDIPUCRS, 2008.

SODRÉ, Muniz. **As estratégias sensíveis**: afeto, mídia e política. Petrópolis: RJ: Editora Vozes, 2006.

VASCONCELOS, Maria José Esteves de. **Pensamento sistêmico**: o novo paradigma da ciência. 11ª ed. São Paulo: Papirus, 2016.

VERÓN, Eliseo. **A produção de sentido**. São Paulo: Cultrix; Ed. da USP, 1980.

VERÓN, Eliseo. **La semiosis social**: fragmentos de uma teoria de la discursividad. Barcelona: Gedisa, 1996.

VERÓN, Eliseo. Esquema para el análisis de la mediatización. **Revista Diálogos de la Comunicación**, n. 48, 1997.

VERÓN, Eliseo. **Fragmentos de um tecido**. São Leopoldo: Ed. Unisinos, 2004.

VERÓN, Eliseo. Teoria da midiatização: uma perspectiva socioantropológica e algumas de suas consequências. **Matrizes**, v. 8, n. 1, jan./jun. 2014, p. 13-19.

WEBER, Maria Helena. Comunicação organizacional, a síntese. Relações Públicas, a gestão estratégica. **Organicom**, n. 10, p. 70-75, 2009.

WEATHLEY, Margaret J. **Liderança e a nova ciência**: descobrindo ordem num mundo caótico. Trad. Adail Ubirajara Sobral, Maria Stela Gonçalves. Edição revisada e ampliada. São Paulo: Cultrix, 2006.

YANAZE, Mitsuru H.; FREIRE, Otávio; SENISE, Diego. **Retorno de investimento em comunicação: avaliação e mensuração**. São Caetano do Sul: Difusão Editora, 2010.

Contextos da pós-produção audiovisual: criação e edição de imagens em movimento

Roberto Tietzmann[1] (PUCRS) e
Guilherme Carvalho da Rosa[2] (UFPEL)

Introdução

A diversidade de serviços e plataformas de exibição de conteúdo audiovisual nos meios atuais guardam um ponto em comum: uma relação mais ou menos distante, marcada por releituras, avanços tecnológicos e mudanças culturais, com as tecnologias e práticas do cinema iniciadas em fins do século XIX. Ao longo de suas primeiras décadas, o novo meio consolidou um repertório popular que permitia a identificação sintética de sua característica mais evidente: o registro e produção de imagens em movimento em seus diversos formatos e propósitos.

Esse é um repertório de símbolos com expressões cujas origens se extraviaram no tempo, como "Luzes! Câmera! Ação!" e imagens que alcançam mesmo os emojis contemporâneos, como claquetes com a barra do topo listado, a silhueta de uma câmera sobre um tripé, identificada como um retângulo com dois círculos, latas e rolos de película ou

---

[1] Professor e pesquisador no programa de pós-graduação em comunicação da Pontifícia Universidade Católica do Rio Grande do Sul (PUCRS) onde coordena o grupo de pesquisa ViDiCa – Cultura Digital Audiovisual e o LabIM – Laboratório de Imagens Digitais.
[2] Professor nos Cursos de Cinema do Centro de Artes da Universidade Federal de Pelotas (UFPEL) e mestre e doutor em comunicação social pela Pontifícia Universidade Católica do Rio Grande do Sul (PUCRS).

mesmo a sequência de fotogramas em uma tira de filme. Em comum a todos estes símbolos está sua ligação com a materialidade do suporte do filme e, especialmente, com aspectos do momento do registro das cenas, quando elenco e equipe estão reunidos na realização. Etapas distintas deste momento, como a redação do roteiro anterior ao registro ou a edição que segue a rodagem, não recebem o mesmo destaque, mas são igualmente importantes para a existência dos conteúdos audiovisuais diante da centralidade do suporte fílmico vista anteriormente e, sobretudo, da imaterialidade de tais suportes no contexto atual.

Neste capítulo, questionamos como situar ontologicamente diversas forças criativas que operam no espaço da pós-produção audiovisual. Este texto foi produzido levando em conta os debates e estudos da Rede Docente das áreas de Montagem, Motion Design e Efeitos Visuais do Fórum Brasileiro do Ensino de Cinema e Audiovisual (Forcine), que reúne as principais escolas e docentes do segmento no país.

Situando um campo cada vez mais complexo

As áreas criativas e profissionais que acontecem depois do registro das cenas fazem parte de um campo em expansão no contemporâneo. Desde os primeiros dias do meio, algum tipo de atividade após o registro estava presente, fosse no laboratório para revelar a película previamente exposta, fosse para fazer pequenos cortes de segmentos velados ou danificados e emendas simples. Também, o próprio ato de registro era, de certa forma, contaminado pelas regras técnicas da experiência de exibição e, portanto, afeto a suas questões e feito, ainda que irrefletidamente, em função de um "corpo" que estava sendo montado. A partir deste princípio da pós-produção como algo essencialmente objetivo, desenvolveram-se diversos aspectos criativos que operam com base no material captado, mas também dele eventualmente se "libertaram" em direção a uma síntese de imagens em movimento.

Um outro aspecto curioso, e talvez não óbvio, é que nenhum destes elementos foi inventado no contexto das tecnologias digitais contemporâneas. Todos os quatro, que veremos a seguir, foram consolidados em sua identidade na primeira década do cinema e audiovisual e desde então acompanhamos seus desdobramentos e renovadas potências criativas.

As minúcias técnicas de cada etapa da evolução do cinema e dos meios dele derivados são aspectos de interesse para curiosos e estudiosos do campo. Neste texto os aglutinamos em conjuntos maiores, buscando identificar as qualidades e identidades ontológicas de diversos contextos da pós--produção. Sinteticamente, podemos situar estes contextos como: a) Montagem, ou edição, responsável por selecionar, sequenciar e dar coerência aos segmentos do filme; b) Efeitos visuais, capazes de fazer uma edição interna, ou vertical, a cada segmento e produzir as imagens que seriam inviáveis ou impossíveis de registrar diretamente com uma câmera; c) Animação, que cria o movimento ao invés registrá-lo; d) *Motion graphics* que trazem toda uma variedade de elementos gráficos à tela como letreiros, mapas e outras informações.

A mera separação em quatro grandes categorias traz um problema intrínseco a esta explicação, uma vez que são áreas que envolvem aspectos técnicos e criativos que frequentemente coexistem ao mesmo momento, no mesmo trecho, de uma obra e se influenciam mutuamente de maneira contínua. A ideia de apresentá-los e discuti-los separadamente está calcada na busca do que cada um tem de específico, cabendo ao processo criativo de cada obra e de cada equipe as escolhas de como tirar proveito de tais recursos. Também há, nesta divisão, um ensejo pedagógico para a compreensão de estudantes, pesquisadoras/es e da comunidade de profissionais em torno do audiovisual para que seja possível perceber tais categorias cartesianamente, no melhor dos sentidos, ainda que, na prática, sejam todos eles habitantes de um mesmo momento e operação.

Montagem: a organização do tempo

Montagem, essencialmente, é a atividade técnica e criativa de selecionar, sequenciar e dar coerência estética, estilística e narrativa ao produto audiovisual a partir dos segmentos que o constituem. Uma vez que é uma atividade técnica, está vinculada a um repertório de convenções de bem-fazer mais ou menos estáveis nas práticas culturais e pode ser ensinada e aprendida. Como atividade criativa, não há certo ou errado absolutos, podendo subverter convenções estabelecidas de acordo com as necessidades e ambições de cada projeto.

O termo *montagem* já existia em outras artes anteriores ao cinema, como o teatro e a ópera, significando de uma maneira ampla a reunião e organização dos elementos de um futuro espetáculo. A montagem *cinematográfica* adjetivou esse processo ao agregar a noção de organização e enunciação da mensagem ao aparato tecnológico do cinema, percebido em um primeiro momento como uma extensão da fotografia e mesmo uma curiosidade científica capaz de registrar o efêmero e o movimento. A montagem cinematográfica se tornou progressivamente complexa nas primeiras décadas do século XX, sendo apontada por diversos autores como aquilo que o cinema teria de exclusivo, algo *novo* e intensamente persuasivo em suas possibilidades de expressão. Também, foi e é objeto de reflexão de diversos textos que, como este, têm ligação com o ensino do cinema e audiovisual, como é o caso de *Cinema e Montagem*, escrito em 1987 pelos professores Eduardo Leone (*in memoriam*) e Maria Dora Mourão, ambos professores de montagem da Escola de Comunicações e Artes da Universidade de São Paulo.

O elemento-base da montagem é o plano, palavra polissêmica na realização audiovisual. No sentido mais adequado, é um trecho do filme que está entre dois cortes e traz uma ou mais informações novas para a plateia. A montagem em que cada plano é uma cena com diversas ações de *O Grande Roubo do Trem* (Porter, 1903) ou de *Viagem à Lua* (Méliès, 1903), rapidamente ampliou-se na sofisticação de obras lidas pela historiografia básica da arte do cinema como *O Nascimento de Uma Nação* (D.W. Griffith, 1915) e *Encouraçado Potemkin* (Eisenstein e Alexandrov, 1927). Nessas e em outras obras do mesmo período, o fracionamento e organização das ações contidas nos planos se deu em uma crescente complexidade, ampliando as possibilidades sensoriais e narrativas.

A contrapartida é que a linguagem cinematográfica não veio do nada e nem partiu exclusivamente das tecnologias. Em busca de sua própria voz, o cinema incorporou elementos de uma linguagem estruturada conforme os preceitos postulados por Saussure. Segundo seu Curso Geral, publicado em torno do mesmo período do lançamento desses filmes, há pontos em comum em todas as línguas, definidos por dois níveis de organização dos elementos: um eixo sintagmático oposto a um eixo paradigmático.

Neste modelo, o eixo sintagmático se organiza a partir de um sequenciamento dos elementos linguísticos ao longo do tempo, o que é chamado por Saussure (1986) de cadeia da fala. O sintagma é linear e excludente em sua organização: se um elemento está sendo pronunciado, então os demais possíveis foram preteridos ou descartados. Ao descrever o sintagma, Saussure tinha em mente o modelo do aparelho fonador humano uma vez que ele impede a pronúncia de dois elementos ao mesmo tempo.

Segundo Saussure, o sintagma definia uma relação *in præsentia* com seu leitor/enunciador, porque o contato com seus significantes se dá exclusivamente em um efêmero fragmento de presente. Para ler um texto é preciso percorrê-lo linha a linha e para ver um filme é necessário assistir em sua extensão, em uma longa sequência de fragmentos encadeados, mecanicamente e narrativamente. O conceito de *in præsentia* também afirma que, uma vez inserido na cadeia sintagmática, cada elemento linguístico perde seu valor individual. A interpretação de possíveis sentidos a partir de seus significantes, bem como seu valor, passa a ser feita a partir da relação com os elementos vizinhos da cadeia, sejam eles precedentes ao atual (conhecidos) ou subsequentes (pressupostos). De maneira semelhante, os planos de um filme, geralmente, não são autônomos entre si, nem tampouco trazem em sua imagem a obra inteira. Os significados do plano atual está sempre incompleto, completando-se no seguinte e assim por diante.

Os elementos à disposição durante a enunciação do sintagma estão reunidos no eixo paradigmático. Nele não há uma noção de tempo organizado, mas sim uma ampla seleção de elementos vinculados à pertinência de seu uso a cada momento. O eixo paradigmático também é excludente em suas escolhas, uma vez que a partir de seu repertório será escolhido apenas um a ser incorporado à enunciação por vez. Quanto maior o alfabeto, o vocabulário, o repertório cultural para Saussure, maior o paradigma à disposição da criação do sintagma e, potencialmente, mais elaborada a mensagem.

Para Chandler (2002), as definições dos eixos em oposição de Saussure servem como uma descrição praticamente exata dos processos mecânicos de montagem cinematográfica. A montagem se constituía em sua forma operativa mais elementar através do corte e sequenciamento de planos previamente registrados em película e revelados. A obra pode ser entendida como um grande sintagma onde cada plano equivaleria a um elemento linguístico separado, enquanto o eixo dos paradigmas no horizonte da montagem se estabelece primeiro na escolha entre várias tomadas possíveis de um mesmo plano, depois pela separação de qual trecho do plano será utilizado e, por último, no conjunto integral dos materiais previamente captados. Há uma diluição da relação com os paradigmas sobre todo o processo de realização em suas diferentes fases, diretamente relacionada aos repertórios estilísticos de quem realiza, mas é na montagem o lugar onde os elementos confrontam-se e são postos à prova em forma de sintagma.

A correspondência deste princípio mecânico da montagem com os pensamentos de Saussure parece tão integral que silencia a reflexão a respeito de processos e possibilidades que não encaixem nesta similaridade, sobretudo dentro de uma história básica da arte do cinema. Embora a atividade de montagem em um software digital como o *Avid Media Composer*, *Da Vinci Resolve* ou o *Adobe Premiere Pro* envolva seleção e ordenação dos planos, tanto quanto acontecia com os trechos de filme em película em períodos anteriores, esta é apenas uma das estratégias possíveis para montagem no contexto atual.

A operação digital também pode facilmente sobrepor duas ou mais imagens, abrir diversas janelas ao mesmo tempo em uma composição, reunir elementos gráficos junto à imagem predominante, saturar as *timelines* de camadas, operar de forma básica na edição e mixagem sonora, etc. ampliando a riqueza desta expressão.

Assim, a consolidação de uma linguagem estável da arte do cinema se deu tanto através do melhor aproveitamento expressivo e narrativo dos enquadramentos e planos quanto com a sofisticação da montagem nas primeiras décadas do século XX. Segundo Bazin (1999), essa linguagem cinematográfica evoluiu atingindo um equilíbrio entre fragmentação e a continuidade dos conteúdos das imagens, sendo a fluência motivada a partir de elementos presentes internamente na imagem o fator dominante de estruturação:

> O uso da montagem pode ser 'invisível' e esse era geralmente o caso com os clássicos pré-guerra do cinema americano. Cenas eram fragmentadas apenas com um propósito, nominalmente, analisar um episódio de acordo com o material ou lógica dramática da cena. Esta é a lógica que esconde o fato que há uma análise, e a mente do espectador aceita bem

naturalmente os pontos de vista do diretor que são justificados pela geografia da ação ou o deslocamento de ênfase do interesse dramático (Bazin, 1999, p. 44).

A descrição de Bazin é precisa e evoca várias cenas de filmes cuja montagem é determinada pela continuidade do movimento do elenco ou câmera, pela sugestão dramática ou pela manutenção da orientação espacial. Embora dominante, o próprio Bazin (1999) afirma que ela "falha em explorar o uso pleno da montagem" (p. 44) por deixar de lado cortes que revelem diferenças marcantes entre as imagens e provoquem o espectador a pensar sobre o que está vendo. Bordwell, Staiger & Thompson (1985) cartografam a ascensão da fluência, da continuidade e da aversão ao risco tanto financeiro quanto narrativo como algo dominante no cinema norte-americano. Enquanto Bazin (1999) não perde seu encantamento pelo cinema *onde todos os planos pareciam no lugar*, Bordwell *et al* enxerga conformismo e medo nas escolhas da grande indústria.

No entanto, recentemente, a partir da segunda década do século XXI, foi possível observar uma multiplicação nos espaços onde descendentes da montagem cinematográfica operam refletida ou irrefletidamente. Plataformas como YouTube e semelhantes hospedam infinitas produções, desde as mais espontâneas que, assim, releem paradigmas do primeiro cinema, até conteúdos experimentais, incluindo uma grande massa de vídeos que revisitam acervos previamente existentes, registros de atividades e formatos aparentados com a televisão, nos quais a palavra de uma ou mais apresentadores funciona como guia da montagem.

Efeitos visuais: as imagens do que "não existe"

Definir o que é um efeito visual parece evidente e pouco desafiador. Seria um carrossel de seres fantásticos como o gorila gigante King Kong (1933, 1976, 2007), cidades fabulosas desde *Metropolis* (1927) até *Blade Runner* em suas duas versões *(1982, 2017)*, viagens ao espaço, proezas impossíveis, explosões espetaculares e mortes grotescas. Todas essas cenas buscam persuadir o espectador de que está diante de uma imagem que não seria apenas o registro fiel de cenários, objetos e atores que estiveram em algum momento em frente à câmera, mas sim a visão de um tipo de truque verossímil o suficiente para garantir a adesão emocional e sofisticado o bastante para sustentar o envolvimento da fantasia. Efeitos visuais são, portanto, imagens que mostram o que é impossível, inviável ou muito caro de capturar diretamente com câmeras, agregando um amplo repertório de tecnologias atualizadas a cada momento.

Efeitos visuais e montagem compartilham uma origem tecnológica comum, que pode ser observada nos primeiros filmes que buscaram mostrar algum truque ainda nos primeiros anos do cinema. Antes que técnicas de sobreposição de imagem produzidas em laboratório tivessem sido exploradas, efeitos foram realizados com cortes e emendas usando técnicas de edição. Filmes como *The Execution of Mary Stuart* (Thomas Edison e Alfred Clark, 1895), em que a decapitação da soberana é o ponto alto, ou *A Dama Desaparecida* (Méliès, 1896), em que um mágico faz desaparecer uma assistente no palco ao cobri-la com um tecido, realizam seus truques exclusivamente com cortes em momentos-chave. A sugestão ao espectador era totalmente diferente do uso de tais cortes na montagem, em que esperamos que cada corte ou transição traga um plano diferente em informação narrativa ou sensorial. Nos efeitos, os cortes aplicados essencialmente buscavam não ser percebidos sob pena de revelar o truque, algo que continua sendo usado em vídeos das redes sociais no contemporâneo.

Em um primeiro momento, como definem Jullier e Marie (2007), a presença de efeitos visuais em destaque era o chamariz de um gênero em si nos primeiros anos do cinema: o dos filmes de truque. O maior nome nos primeiros dias foi o francês Georges Méliès e suas inovações operaram tanto na duração dos filmes, encadeando cenas em sequência em histórias mais longas, quanto na complexidade visual interna dos planos.

Esse é um dos pontos em que montagem e efeitos visuais são ontologicamente distintos: enquanto a primeira opera preferencialmente sobre o tempo na forma de seleção, duração e sequência dos planos, os efeitos operam primeiro na composição do plano como um espaço bi ou tridimensional que vai receber imagens e elementos de diferentes fontes, cujas emendas serão apagadas tanto quanto possível, tanto ontem quanto hoje. Curiosamente, o poder de atração dos primeiros filmes de truque renasce e está presente no contemporâneo em vídeos pessoais feitos para redes sociais, onde filtros, elementos pré-animados, aplicados em sincronia com os movimentos e geometria do plano e recursos de montagem são usados como chamarizes efetivos na disputa pela atenção ante a abundante oferta.

No princípio, as novidades de Méliès foram imediatamente copiadas por Blackton na Inglaterra e as empresas de Edison nos Estados Unidos, entre outros, conforme Rickitt (2000), Urrero (1985) e Vaz & Barron (2002). Ao contrário de seus concorrentes, o realizador francês continuou praticando uma encenação sofisticada na tecnologia, mas próxima do teatro de revista com uma temática fantástica e pantomima muda, acabando por ir à falência em 1914, sem conseguir se adaptar aos gostos em transição das plateias que se aproximavam de uma representação com narrativas mais complexas e lineares e a codificação de um *standard* de efeito de real e verossimilhança. Curiosamente, o cinema que começara retratando a realidade pouco tempo antes, desviara rumo à fantasia e, no limiar de sua terceira década, estava se aproximando de uma síntese. Neste novo contexto, a representação de um simulacro de um mundo plausivelmente existente passou a ser o padrão de medida e operava como regulador dos efeitos, deixando à margem outras formas de representação.

Após o término da carreira de Méliès, as tecnologias de efeitos visuais continuaram a avançar. Filmes de referência da história do cinema feitos nos EUA como O Mágico de Oz (Victor Fleming, 1939), E o Vento Levou (Victor Fleming, 1939) e Cidadão Kane (Orson Welles, 1941) utilizaram diversas técnicas de efeitos visuais na ampliação dos cenários em cenas-chave. A importância dedicada a tais recursos era tão significativa que o produtor executivo David O'Selznick é citado em Vaz & Barron afirmando:

> [...] eu não mesmo esperava levar o filme [E o Vento Levou] à tela com propriedade sem um uso ainda mais extensivo de efeitos especiais do que tinha sido jamais tentado no negócio [...] (Vaz & Barron, 2002, p. 83).

A fala de Selznick sugere que o uso dos efeitos já era parte da fórmula de grande investimento para grande retorno que define as maiores produções de Hollywood até o contemporâneo. No entanto, há um subtexto importante: sem os efeitos, o investimento necessário para a realização seria inviável, portanto tais recursos já estavam integrados na economia de produção.

Ao observarmos o lado das plateias, dificilmente estes efeitos visuais como a mansão Tara ou o palacete Xanadu eram percebidos como tais pelas plateias, porque já haviam sido regulados como *normais* segundo os discursos de legitimidade perante a narrativa e pertinência, fazendo parte de obras com narrativas consagradas e sendo assim aceitos com uma naturalidade que definiu os códigos de verossimilhança durante boa parte do século XX. Desta maneira, dialogando com o início desta seção do texto, não apenas efeitos amplamente visíveis eram usados, mas também efeitos visuais lidos pelas plateias como quase invisíveis eram abundantes, principalmente na extensão de cenários através de pinturas. No entanto, este uso predominante também deixava implícito o espaço para obras que escolhiam utilizar recursos de efeitos visuais em destaque em suas narrativas: nichos como a fantasia, a ficção científica e o horror, que permaneceram como gêneros entendidos como menores por mais algumas décadas.

Os efeitos visuais ganharam protagonismo como motores de narrativas a partir de meados da década de 1970, momento em que se colocou de forma transversal na produção, operando como um dos caracteres definidores do cinema do período e trouxe filmes de gêneros antes menosprezados para o topo das bilheterias. Desta maneira modificou a relação anterior em que os efeitos visuais modestamente se limitavam a produzir tecnicamente a visualidade da narrativa das grandes obras. É possível identificar momentos anteriores de protagonismo de efeitos visuais como forças imprescindíveis da narrativa como em 2001: Uma Odisseia no Espaço (Stanley Kubrick, 1968) ou Tubarão (Steven Spielberg, 1975) e também Westworld: Onde Ninguém Tem Alma (Michael Crichton, 1976) entre outros.

    Um aspecto constante ao longo dos efeitos visuais baseados em truques de laboratório – a partir da manipulação fotoquímica, o que sintetiza boa parte dos efeitos até o final da década de 1980, é o seguinte: efeitos visuais dão e tiram, oferecem algo e restringem as ações dos realizadores ao mesmo tempo de uma maneira nem sempre clara aos olhos dos espectadores. Isto mostra que são descendentes diretos do ilusionismo de Houdini, Méliès e tantos outros, onde acreditar no truque significa abrir mão de conhecer a verdade sobre sua produção. Por exemplo, boa parte dos cenários dos já citados E o Vento Levou (1939) e Cidadão Kane (1941) foi elaborada com o auxílio de pintura sobre vidro, o que exigia que a posição de câmera, com os elementos de efeitos visuais sobrepostos, estivesse perfeitamente alinhada com o cenário oriundo da imagem-câmera na locação. Em contrapartida, movimentos de câmera, foco ou de lente se tornam muito difíceis de serem realizados uma vez que corriam o risco de revelar a organização vertical das camadas. Posto dessa maneira, podemos afirmar que os efeitos visuais permitiam a integração entre o material filmado e elementos que não pertenciam ao registrado no suporte fílmico, mas também imitavam a liberdade possível de posicionamento de câmera.

    Superar a percepção destes limites incontornáveis passou a ser uma das frentes de avanço dos efeitos visuais digitais que continuaram a buscar nas décadas seguintes o apagamento das fronteiras entre as camadas ontologicamente distintas da imagem como parte de seu discurso de potência. Frequentemente, isto demandou que todo o conteúdo da tela fosse transformado em um tipo de animação digital, como vemos em boa parte dos planos de Avatar (James Cameron, 2009), ou em Mogli: O Menino Lobo (Jon Favreau, 2016) em que os animais e a floresta são digitais ou mesmo em Jogador Nº1 (Steven Spielberg, 2018) em que os momentos na realidade virtual são totalmente animados, emprestando convenções estéticas de jogos digitais. Ainda é possível lembrar de Elysium (Neill Blomkamp, 2013) em que as lutas entre o personagem de Matt Damon e robôs sentinelas faz o contato físico entre seres ontologicamente distintos (um é o ator, o outro, animação) é uma intensa demonstração de como é possível fazer o concreto e a imagem entrarem em contato.

No contemporâneo, a busca pela superação dos limites e das emendas dos efeitos visuais tem levado a uma adoção crescente da animação e suas diferentes técnicas como caminho regular. Ao substituir cenários, objetos e personagens por contrapartes digitais, que desafiam a certeza se são "originais" ou não, os efeitos visuais cruzam uma linha ontológica que separa as imagens captadas com a câmera daquelas feitas por uma técnica de animação, criando pontos de contato e um amálgama entre essas duas forças criadoras presentes na história do cinema.

Animação: o desenho como força ontológica

Os efeitos visuais utilizados no contemporâneo, como observado acima, quase que exclusivamente utilizam-se de procedimentos complexos de criação de imagens digitais em lugar da presença física dos elementos diante da câmera. Em boa medida, os orçamentos de produção de filmes de longa-metragem e séries, não restritos apenas ao universo de obras que usam efeitos visuais em abundância, são dedicados a processos de pós-produção de imagens absolutamente imateriais e desenvolvidos graças à caminhada técnica das ferramentas de animação digital, especialmente presentes no universo das imagens poligonais dotadas de volume tridimensional e capazes de receber iluminação produzida digitalmente, passíveis de serem integradas com as imagens-câmera ou, em muitos casos, substituindo quase que integralmente essas imagens.

Tal estágio das técnicas não é apenas uma causalidade, mas decorrência do próprio papel da animação diante do espetáculo audiovisual e moderno, de maneira geral. Na gênese de uma animação tridimensional, feita através de *rigs* que conferem literalmente uma programação a elementos, personagens e objetos, estão muitos conhecimentos sedimentados em outras técnicas, à primeira vista anacrônicas, que trataram de pensar as imagens em movimento em muitos momentos, mas particularmente na concentração e no interesse visto ao longo de todo o século XIX, como pondera Jonathan Crary em *Técnicas do Observador* (2012).

O interesse pela ilusão dos aparelhos ópticos, dentre eles o fenacistoscópio e o zootrópio, era irrestrito entre os sujeitos do período expostos a uma modernidade neurológica e, na base de todas as ilusões de ótica, geralmente estava a presença de muitos desenhos que valiam mais pelo poder de causar e provocar persistências na visão do que propriamente por suas qualidades individuais. Era um uso rasteiro, lúdico, que, como tal, abasteceu o entretenimento popular antes da chegada do cinematógrafo. Aos poucos foi se percebendo que a impressão de movimento poderia ser controlada e alterada com a adição ou supressão de desenhos que, mesmo realizados de forma simplificada, ligavam as formas a uma impressão de *anima*, ou alma em sentido aristotélico, a algo que, diferente da fotografia, não tinha exata ligação representacional com o mundo e, desde o princípio, por isso, colocava-se como uma expressão um tanto fora de lugar em comparação a outras imagens e ligada puramente à sensação, à experiência e ao entretenimento pessoal.

 O estudioso alemão Thomas Elsaesser propõe, em *O Cinema como Arqueologia das Mídias*, que qualquer análise ou, literalmente, "qualquer pessoa que fale de cinema deve adotar uma atitude mental tanto retrospectiva quanto prospectiva" (2018, p. 19), dentro de uma intenção arqueológica baseada em Foucault. Tal enquadramento nos direciona à busca de elementos, ainda soterrados na própria história, que não tenham sido vistos na claridade de um determinado tempo e não precisem estar em conexão absoluta com o que já se sabe sobre algo. É importante, por esta via, que sempre voltemos a eles e façamos o exercício de, conforme o filósofo francês, desarticular a sincronia das rupturas.

 Ainda que objetivamente, as técnicas animadas atuais, seja no universo bi ou tridimensional, lembrem muito pouco os brinquedos óticos, elas trazem uma atualização de uma mesma necessidade da produção de imagens em série para que a mesma impressão seja possível ante a um mesmo, e questionavelmente imutável, aparelho neurológico, de olhos e redes de impulsos nervosos. Ainda mais a fundo, com muitas camadas de sedimento sobrepostas, está o papel do próprio desenho como ontologia inescapável a todas as formas e técnicas de imagens animadas do contemporâneo.

Por desenho, no senso comum, procuramos compreender justamente o que ele não é ou deve ser, ao menos dentro de uma poética artística: uma representação fac-similar e calcada em regras representacionais rígidas de pessoas, seres, espaços e coisas, assim como da própria luz que incide sobre o mundo. Embora o desenho, inclusive o animado, possa assumir estes contornos, historicamente, dentro das técnicas da animação e de seus movimentos estilísticos, há uma considerável distância de tal privilégio normativo. Cabe ao desenho ser o lugar do gesto e da interpretação de quem anima sobre a própria vida que se está transferindo às imagens. Como observa coerentemente Marina Estela Graça, o potencial artístico de uma obra animada

> advém da experiência cinestésica vital de seu autor, do modo pelo qual vive o movimento das coisas e do seu próprio corpo; na medida em que a percepção do corpo vivo permite-lhe quer o acesso ao real, quer o gesto com o qual atesta a materialidade expressiva de seu filme (2006, p. 96).

Embora pareça fazer sentido no mundo das ideias, como pensar que um personagem dotado de *rigs* e anatomia, como os da maioria dos filmes e séries animadas da atualidade, possa ser próximo ao desenho e ao gesto? Para além de sua construção que, no processo, quase invariavelmente parte do desenho e do mesmo gesto referido por Graça, não são poucas as vezes que, mesmo repletos de tecnologias e programação, os personagens precisem ser animados em estreita relação com os brinquedos óticos: é no *frame-by-frame* que a encenação de um determinado personagem é pontuada e expressa. Ainda que os computadores possam "interpolar" entre uma posição e outra, cabe aos artistas de animação a definição dos quadros-chave ou das poses que vão transferir *anima* aos personagens.

Na prática pedagógica do ensino da animação, e também nos *making ofs* de grandes filmes animados, feitos para salas de cinema residem inúmeros *sketches* de artistas que foram a potência criadora de tudo o que se vê em tela. Também, no detalhe, está o escrutínio do fascínio dos olhos ao movimento acompanhado quadro a quadro pelas/pelos animadoras/es.

Em um exemplo recente, a feitura do longa-metragem *Frozen 2* (Jennifer Lee, Chris Buck/Disney, 2019) foi documentada em *Into the Unknown: Making Frozen 2* (Megan Harding, 2019). Em diversos momentos, o documentário mostra de perto o trabalho da animadora Malerie Walters que, em uma cena notável, anima a personagem tridimensional *Elsa* e recebe retornos da equipe em *dailies* que referem-se, precisamente, a uma minuciosa decupagem do caminhar da protagonista.

Longe de ser um processo completamente automatizado, neste em outros exemplos, um longa-metragem com orçamento de 150 milhões e faturamento de 1,45 bilhões de dólares, passados quase duas centenas de anos, pelo desenho, torna-se inextricavelmente ligado com os brinquedos ópticos dos lares franceses do século XIX. Só o desenho, ainda que feito com polígonos ou com o grafite atemporal, pode permitir operar na encenação minuciosa da vida animada nas telas.

Motion Graphics: corpos estranhos ao fílmico

Uma ideia prevalente no cinema e em todas as formas audiovisuais é que a câmera é um instrumento voraz: ela captura a "realidade" que pode ser vista à sua frente e transforma isso em imagem e, eventualmente, em planos de um filme ou outro conteúdo. Os primeiros benefícios eram óbvios: a ideia de capturar a vida e o efêmero, além de permitir que lugares fossem vistos não apenas fotograficamente, de maneira estática, mas também com a riqueza dos movimentos. Uma vez que a câmera registra tudo o que se passa à sua frente isso se aplica também aos elementos gráficos: legendas de diagramas, esquemas, letreiros, figuras geométricas e mapas. São formas de comunicação com propósito, mais uma vez, ontologicamente distinto da encenação feita por um elenco, mas que acabam sendo capturados por elas também.

Coube à palavra escrita (ou falada) a função de "ancorar" o significado diante de quem lê e vê. É de Roland Barthes a interpretação útil e seminal de que as imagens são ontologicamente polissêmicas e que a relação entre texto e imagem, ordinariamente, desenvolve-se por "ancoragem" ou "fixação" que conduz à retórica e, por consequência, não deixa dúvidas sobre como uma determinada imagem, estática ou em movimento, deve ser "lida" ou interpretada. Na seara do patrimônio e da propriedade intelectual, foi e é especialmente útil que os filmes sejam nomeados, tragam os nomes dos realizadores e agentes envolvidos na produção, especialmente para fins de proteção e comercialização de produtos imateriais.

Assim, ao se questionar qual é esse filme? Que atores participam dele? Quem o fez? Antes do final da primeira década do cinema, elementos gráficos passaram a ser usados rapidamente para identificar a propriedade da produção através de cartazes colocados em cena, carimbos sobre a película ou mesmo cartelas com o nome do filme e outras informações. Tal qual conta a história básica da arte do cinema, o "nascimento" da linguagem ensejou a aproximação da polissemia das imagens com a literatura e a necessidade de suportar histórias com maior duração e estrutura narrativa consistente. Não havia ainda a possibilidade de captura da voz dos atores e de um narrador e as cartelas diegéticas (gráficas) foram as primeiras responsáveis pela "ancoragem" da narrativa.

A aproximação entre os elementos gráficos e a imagem em movimento começou motivada por aspectos de propriedade, pois uma árvore retratada em um filme não é uma árvore puramente imaginada, mas uma espécie de símbolo que referencia a experiência do que é uma árvore perante seus espectadores, dentro de um determinado contexto ou diegese, indissociável de um determinado produto audiovisual. Para assegurar a propriedade de quem havia produzido a imagem desta árvore em questão, elementos gráficos foram trazidos à tela, normalmente envolvendo o nome da empresa realizadora e, desta maneira, dando início a uma tradição que continua até os dias de hoje. Ao ver o globo da Universal, a montanha da Paramount ou a caixa d'água da Warner abrindo um longa--metragem, as plateias experienciam uma animação da marca, mas também uma atribuição de propriedade nos primeiros momentos do filme.

O cinema e audiovisual não apenas conheceu cedo a necessidade de estabelecer propriedade sobre as imagens como também nasceu em um contexto onde há a formação, bastante sólida dentro de um modo de vida da virada do século, de uma "massa" consumidora de experiências proporcionadas por imagens e sons. Este *habitus*, à primeira vista pertencente ao hemisfério norte, não tardaria em espraiar-se pelo mundo, ainda que relativamente, e até os dias de hoje em convivência com outras necessidades e faltas deixadas pelo caminho moderno.

A partir desse uso mais conservador espraiou-se uma variedade de elementos animados ou não. Tudo tornou-se mais complexo com o surgimento da televisão, na década de 1930, que não apenas também fazia uso da retórica gráfica já utilizada pelo cinema, como também herdava do rádio a centralidade da palavra falada e a "presença" como refere-se Jesús Martín-Barbero diante das mediações da televisão. As imagens gráficas, junto com a oralidade, tinham um papel central em regular experiências ante ao novo meio audiovisual: Qual é essa emissora de TV? Qual é o destaque dessa matéria? Que temperatura faz agora? Que horas são? O que estou vendo?

Longe de ficarem estáticas, as imagens gráficas logo ganharam movimento na experiência do cinema e, posteriormente, na televisão. É no suporte fílmico o lugar de nascimento dessas primeiras incursões, todas elas feitas de maneira um tanto marginal e radicalmente opostas ao espaço da representação fotográfica. O filme, como suporte para ambas as expressões, no sentido observado por Philippe Alain-Michaud (2014), é o lugar de encontro e experimentação dessas imagens gráficas com outras ontologias. Já em 1906, James Stuart Blackton nos Estúdios Vitagraph, no filme *Humorous Phases of Funny Faces,* produz não apenas um dos primeiros filmes de animação feitos em película, como também o primeiro *lettering* animado de filme que se tem notícia, com a tipografia formando-se quadro a quadro em uma compreensão, diga-se bastante adequada, de *timing* para animação *mais* a leitura da mensagem escrita pelos espectadores. Algo que hoje parece elementar, torna-se admirável diante da compreensão da experiência do público ao envolver experiência de movimento e leitura de sentenças: água e óleo.

Tal ancoragem, como observa Jean-Luc Godard (Dubois, 2004), é uma "parte maldita" que habita um outro mundo (ontológico) ante as imagens em movimento, seja dentro do suporte fílmico, seja no vídeo ou na imagem digital. Ainda que exista um fazer criativo que permitiu movimento às sequências de aberturas, vinhetas, infografias animadas, interfaces digitais e toda a sorte de formato que integre informação tipográfica nas telas, como portadora da estrutura da linguagem escrita, esta pode ser vista quase sempre como um "corpo estranho" nas formas audiovisuais que têm o movimento como ponto em comum.

O ambiente inóspito para os tipos, quando vocacionados ao movimento, talvez possa ser em boa parte explicado pela ontologia das imagens gráficas, especialmente as imagens tipográficas, e sua estreita relação com o suporte estático. Se arqueologizarmos a tipografia, facilmente chegaremos ao surgimento dos tipos móveis, ocidentalmente em Gutemberg por volta de 1439 e, anteriormente, na China Antiga com o gravador e artesão Bi Sheng no ano de 1040. Estas modalidades estão diretamente relacionadas à tinta e o papel e tudo o que esse casamento representa para diversas civilizações. O tempo, algo crucial para as mídias audiovisuais, é operado de outra maneira com o suporte impresso: basta comparar experiências de leitura entre papel e telas de hoje e os esforços de oferecer conforto à leitura a partir das últimas, que nos faz experienciar uma imensa assimetria.

Dentro da prática denominada *motion graphics*, é quase imperativo o uso de tais "corpos estranhos" tipográficos, assim como de outros elementos, preferencialmente geométricos, que formam uma espessa camada gráfica nas telas. Existem exceções, como, por exemplo a incrustação de tipos localizados e inseridos na pós-produção "dentro" de imagens com outras ontologias, o conhecido uso de informação gráfica em cartazes, capas de livros, jornais e revistas que converteram-se em sinal estilístico nas vanguardas da história básica do cinema e o *tracking* de tipografia e outros elementos ao movimento imanente de imagens animadas e de câmera.

No entanto, parece prevalecer, em grande maioria, a ideia de uma fronteira, bastante marcante, entre um universo gráfico e um universo das imagens animadas e de câmera, incluindo as provenientes dos efeitos visuais, que, na composição gráfica, são ponderadas como *assets*, ou "ativos", pelas/pelos mographers e não exatamente como imagens protagonistas. Então, ao mesmo tempo em que há uma fronteira tênue entre a animação, e sua ontologia do desenho, e o *motion graphics*, e sua ontologia literalmente gráfica, animações complexas, trabalhosas, são feitas e *footages* são produzidos, montados e colorizados em função da metáfora de mistura que parece ser ontologicamente impossível entre a palavra escrita e a imagem: água e óleo.

Considerações finais

Após percorrermos estas quatro instâncias de pós-produção audiovisual, é possível observar que a própria ideia de que a criação de narrativas com imagens em movimento é muito mais dinâmica e fluida do que etapas claramente definidas e estanques podem descrever. Ainda que o senso comum da realização e do ensino da realização continuem valendo, em que é preciso planejar antes de realizar e é preciso dar um acabamento ao produto antes de exibi-lo e distribuí-lo, cada vez mais observamos que uma espécie de rede que articula aspectos técnicos, tecnológicos, criativos, culturais e econômicos.

Neste capítulo optamos por não nos aprofundar nos aspectos específicos da técnica e das tecnologias envolvidas na realização destes processos na pós-produção, buscando ao invés disso um olhar de destaque às definições de paradigma que estabeleceram os campos de cada uma destas forças criativas.

Os suportes de registro e manipulação digital das imagens permitem uma absoluta mescla entre todos os elementos visuais capazes de ser colocados em uma das camadas dos programas de edição, o que deixa a porta aberta para que futuros paradigmas continuem a surgir e reposicionar as convenções existentes. Uma vez que filmes, séries e demais conteúdos audiovisuais estão tanto inscritos na história de cada momento quanto são portadores de marcas dos seus respectivos períodos, as transformações na cultura e o desejo contínuo de contar histórias e emocionar plateias permanecerá a se apresentar em novas imagens.

Referências

BAZIN, A. The Evolution Of The Language Of Cinema in BRAUDY, L. & COHEN, M. (eds.). Film Theory and Criticism – **Introductory Readings (fifth edition)**. Nova Iorque. Oxford University Press, 1999.

BORDWELL, D.; STAIGER, J.; THOMPSON, K.. **The Classical Hollywood Cinema**: Film Style&Mode of Production to 1960. Nova Iorque: Routledge, 1985.

CHANDLER, D. Semiotics: The Basics. Nova Iorque: Routledge, 2002.

CRARY, J. **Técnicas do observador**: visão e modernidade no século XIX. Rio de Janeiro: Contraponto. 2012.

DUBOIS, P. **Cinema, Vídeo, Godard**. Tradução Mateus Araújo Silva. São Paulo: Cosac & Naify, 2004.

ELSAESSER, T. **Cinema como arqueologia das mídias**. São Paulo: Edições Sesc São Paulo, 2018.

EZRA, E. **Georges Méliès**: The Birth of the Auteur. Manchester: Manchester University Press, 2000.

GRAÇA, M.E. **Entre o olhar e o gesto**: elementos para uma poética da imagem animada. São Paulo: SENAC São Paulo, 2006

JULLIER, L.; MARIE, M. **Lire Les Images de Cinéma**. Paris: Larousse, 2007.

LEONE, E.; MOURÃO, M.D. **Cinema e montagem**. São Paulo: Ática, 1987.

MICHAUD, P.A. **Filme**: Por uma teoria expandida do cinema. Rio de Janeiro: Contraponto, 2014.

RICKITT, R. **Special Effects, the history and the technique**. Nova Iorque: Billboard Books, 2000.

SAUSSURE, F. **Course in General Linguistics**. Chicago: Open Court, 1986.

URRERO, G. Cinefectos: trucajes y sombras. **Una aproximación a los efectos especiales en la Historia del Cine**. Barcelona: Royal Books, 1995.

VAZ, M.C. ; BARRON, C. **The invisible Art**: The legends of Movie Matte Painting. San Francisco: Chronicle Books, 2002.

Gazeta de Alegrete: Incêndio criminoso destrói arquivo histórico de acontecimentos locais a globais

Dra. Beatriz Dornelles[1] e Dr. Marcelo Pires de Oliveira[2]

O comportamento da imprensa brasileira a partir da II Guerra Mundial, apresentou grandes mudanças no pós--guerra. Os jornais passaram por grandes transformações na década de 50, tornando-se de fato em empresas comerciais, detentoras de poder econômico, com inovações técnicas, gráficas e editoriais. Foi também naquela década que se deu uma profissionalização maior da atividade jornalística. As faculdades de filosofia colocaram no mercado um novo contingente de profissionais, com formação mais especializada, determinando o aparecimento de um novo jornalismo, mais voltado para a informação (Fortes, 1973).

Os jornais do interior, no entanto, levaram cerca de 20 anos a mais para produzirem jornalismo do gênero Informativo: sério, imparcial, autônomo e livre de censura, desconsiderando as exceções. O jornal Gazeta de Alegrete, fundado em 1º de outubro de 1882, sendo o mais antigo jornal em circulação no Rio Grande do Sul, por iniciativa de Luiz de Freitas Valle, o Barão do Ibirocay, também passou

---

[1] Professora titular do Programa de Pós-Graduação em Comunicação, da Escola de Comunicação, Artes e Design, da Pontifícia Universidade Católica do Rio Grande do Sul.
[2] Professor Titular do Curso de Comunicação Social da Universidade Estadual de Santa Cruz (UESC).

por importantes mudanças no período, mas, ao contrário do que acontecia no restante do país, ocorre um retrocesso, que chamaremos de "período político-partidário tardio".

Dentro desse contexto, buscamos entender por que isso aconteceu em Alegrete. Ao mesmo tempo, fomos motivados a escrever a história do incêndio que destruiu todas as máquinas de impressão do jornal e o seu arquivo histórico, do ano de 1882 a 1959. Essa história é inédita, não tendo sido publicada em nenhum tipo de documento. Como metodologia, realizamos pesquisa documental e de campo, com entrevista e análise dos textos contidos no arquivo da Gazeta de Alegrete, recuperado após o incêndio.

Em 1945, mudou completamente a administração, a função do jornal e sua política editorial, com a venda da Gazeta de Alegrete, que pertencia a família Prunes há 57 anos, para um grupo de 21 políticos ligados ao Partido Libertador (PL) e à União Democrática Nacional (UDN), que uniu chimangos (republicanos) e maragatos (federalistas). Em 1945, o jornal, na ocasião, era propriedade de José Fredelino Prunes[3] e de seu genro Franklin Fabrício, juntamente com sua esposa Menalvina Prunes, filha de Fredolino, que permaneceu sócia majoritária do jornal, deixando a sociedade três anos depois. Os dois partidos que adquiriram a Gazeta eram "inimigos" de todos os membros do PTB, inclusive, é claro, de Getúlio Vargas (Goldemberg, 2016).

De 1890 a 1945, o jornal esteve sob o comando da família Prunes, não apresentando mudanças significativas. A família tinha vocação jornalística, estava politicamente ligada ao Par-

---

[3] José Fredolino Prunes permaneceu à frente da Gazeta de Alegrete de 1910 a 1944.

tido Republicano e às ideias de Júlio de Castilhos, seu fundador. Isso, no entanto, não impediu os Prunes de lutar, através das páginas do jornal, por melhorias e desenvolvimento da cidade de Alegrete[4], apresentando textos com características do jornalismo da época. É claro que o fato de estarem comprometidos com o Partido Republicano significou a defesa de seus membros, quando atacados pela oposição (Marçal, 2013). Todavia, a família havia rompido com a tradição do coronelismo presente em periódicos interioranos em todo o Brasil. Conforme registro em vários livros, Fredolino era socialista (Marçal, 2009).

As características jornalísticas da Gazeta de Alegrete, em alguns aspectos, especialmente entre (1888-1928)[5] coincidem com o período chamado de Jornalismo Político-Partidário, definido por Rüdiger ([1993] 1999).

> O surgimento do jornalismo político-partidário gaúcho, no terceiro quartel do século 19, está ligado ao processo pelo qual a classe política transformou a imprensa em agente orgânico da vida partidária. [...] a propriedade de um jornal se tornou meio de ascensão política. [...] Os partidos passaram a montar suas empresas e lançar periódicos, assumindo inteira responsabilidade. Nesse contexto, surgiram as redações, os jornais começaram a ter uma organização editorial e se consolidava a racionalidade em seu

---

[4] A cidade de Alegrete, localizada na fronteira-oeste do Rio Grande do Sul, fica a 490 km de distância da capital do Estado, Porto Alegre, a 70 km de distância do Uruguai e a 150 km da Argentina. Hoje possui 78.768 habitantes (IBGE, 2014).
[5] O período de 1888 e 1928 foi marcado por muitas guerras entre os republicanos e federalistas no Rio Grande do Sul, com grande intensidade na região fronteira-oeste.

funcionamento. Os políticos foram progressivamente tomando o lugar dos tipógrafos na função social de jornalistas (Rüdiger, 1998, p. 35).

A família Prunes era de origem proletária. Quando Celestino, o patriarca da família, foi contratado por Luiz de Freitas Valle para trabalhar como gráfico, levando para as máquinas os dois filhos mais velhos, José Fredolino, com 15 anos, e Lourenço, com 14 anos, a família, composta por sete filhos homens, passou fome e muitas privações (Prunes, 1956). Essa característica ajuda a compreender muitas ações dos Prunes em defesa dos operários ao longo de 56 anos, como está registrado nos arquivos da *Gazeta de Alegrete*. Mas este estudo não tem por objetivo apresentar os temas jornalísticos do periódico ao longo dos anos, o que estamos fazendo na preparação de um livro.

Parte das informações que compõem a história da Gazeta, aqui relatada, deve-se à ajuda do jornalista Maurício Goldemberg (2016). Ele escreveu e publicou vários cadernos comemorativos, contando a história da cidade a partir das páginas do jornal. Goldemberg começou a trabalhar na *Gazeta* em 1944, aos 15 anos de idade, e nela atuou até o início do século XXI. Foi estafeta, redator, editor, diretor, um dos sócios do jornal e conselheiro dos dois diretores – Samuel Marques e Hélio Ricciardi – que permaneceram à frente da *Gazeta* entre 1970 e início de 2015, quando ambos faleceram. Assumiu, então, Lilia Ricciardi, filha de Ricciardi, atual proprietária do semanário, e o jornalista Paulo Antonio Berquó.

Este artigo objetivou, ainda, levantar os motivos que causaram o incêndio das dependências da *Gazeta de Alegrete*, em setembro de 1959, que destruiu todo o arquivo do jornal, bem como derreteu suas máquinas tipográficas, transformando em cinzas a história do jornal e dos acontecimentos locais e globais, bem como analisar como seus administradores conseguiram reviver a Gazeta em apenas cinco meses. Para tanto, utilizamos a pesquisa e análise documental, além de entrevista com um dos representantes do jornal na época, Maurício Goldemberg (2016), o único funcionário e ex-diretor ainda vivo daquela época. Ele foi redator, diretor, sócio e administrador da Gazeta no período de 1944 a 2015[6].

De 1890 a 1915 esteve na direção da Gazeta de Alegrete José Celestino Prunes, o patriarca. Entre 1885 e 1889, os Prunes eram funcionários da Gazeta, atuando como gráficos do jornal. Após 1915, assumiu a direção José Fredolino Prunes, só saindo em setembro de 1945, quando entregou o jornal para um grupo de 21 políticos, comandado por Heitor Galant, do Partido Libertador (PL). Oficialmente, a venda aconteceu em 1944, mas Fredolino afastou-se definitivamente apenas em setembro do ano seguinte (Goldemberg, 2018).

Nos anos 1938 e 1939 e a primeira metade da década de 40, do século passado, a Gazeta, publicada quatro vezes por semana, publicava notícias locais, regionais, nacionais e internacionais, com reportagens e notas informativas, contendo lead. No expediente, consta: Gazeta de Alegrete – um Jornal Informativo. Ocasionalmente, aparece um editorial, assinado por Lourenço Prunes, comentando fatos internacionais, com destaque para a II Guerra Mundial. Todos os partidos apareceram no noticiário. O principal diferencial no texto

---

[6] Infelizmente para história do jornalismo local, Goldemberg faleceu em 2021 de Covid-19.

noticioso daquela época é que muitos fatos eram relatados na primeira pessoa do plural (nós). As fontes ouvidas eram tratadas pelo pronome de tratamento "senhor" ou "doutor". Os superlativos aparecem com frequência em notas sobre figuras públicas. O jornal segue com este formato até 30 de setembro de 1945, edição 74, quando José Fredolino Prunes, em editorial na capa do jornal, despede-se dos leitores com uma edição de 10 páginas, com as seguintes palavras:

> Completa amanhã, 1º de outubro, o seu 63º aniversário a "GAZETA DE ALEGRETE", o jornal mais antigo do Rio Grande do Sul, fundado em 1882, pelo Barão do Ibirocay. A GAZETA, no largo período de sua existência, tem procurado, dentro das reduzidas possibilidades da imprensa do interior, cumprir com suas obrigações perante o povo de nossa terra.
> Todos conhecem os percalços e dificuldades com que lutam os jornais do interior para poderem subsistir e satisfazer seus deveres ante o público que os ampara.
> É muito ilustrativo dessa informação o fato e, constantemente, surgirem e logo depois desaparecerem jornais novos em nosso Estado. Pode-se dizer que raros são os que conseguem se manter e vencer as dificuldades do meio. Por isso, um dos grandes méritos dos que, no passado, têm tido a responsabilidade de dirigir este jornal é o espírito de tenacidade e sacrifício demonstrado em todos os tempos.
> Aos antigos trabalhadores da GAZETA, tanto os da redação como os da oficina, prestamos hoje nossa comovida homenagem com a certeza de que, os atuais responsáveis pelo destino do jornal procurarão conduzi-lo sob a inspiração tão somente dos supremos interesses coletivos, derradeira meta a que se devem cingir os que labutam na imprensa (Prunes, 1945, capa).

A partir dessa data, há mudanças profundas nas edições da Gazeta. Desaparece o expediente, o jornal passa a circular com quatro páginas, a periodicidade é bissemanal, mas irregular, surgem textos de fundo ideológico partidário, em defesa do Partido Libertador. A Gazeta retrocede jornalisticamente, passando por uma fase que denominamos de "jornalismo político-partidário tardio".

O grupo de 21 políticos ligados ao Partido Libertador (PL) e à União Democrática Nacional (UDN), que adquiriu o jornal em 1944, era dirigido por Heitor Galant, que comandou o jornal até 1967, quando seu editor-chefe João de Deus Barros Perez faleceu. Ao assumir a Gazeta, o grupo atualizou os equipamentos, adquirindo duas máquinas de linotipos e uma seção especial de fotografia. As demais máquinas permaneceram. A aparelhagem era composta por seis máquinas movidas à eletricidade e uma impressora Marinone plana.

Em entrevista ao estudante de segundo semestre em Comunicação, da Universidade Federal do Rio Grande do Sul, Gabriel Borges Fortes, em outubro de 1973, Heitor Galant, então com 67 anos, orgulhosamente, contou que a *Gazeta de Alegrete* era, na época, "um jornal totalmente independente" (Fortes, 1973), o que não se confirmou na análise dos exemplares. A partir de 1970 o jornal passou para as mãos dos jornalistas Hélio Ricciardi e Samuel Marques. No entanto, ambos estiveram totalmente comprometidos com os militares durante todo o período de ditadura.

Galant foi jornalista, advogado e deputado estadual, eleito pelo Partido Libertador. Militou, quando acadêmico, na imprensa de Porto Alegre, atuando como redator do *Diário de Notícias*. Seu editor-chefe, João de Deus Barros Perez, nasceu em Livramento, em 1893. Iniciou sua carreira jornalística na cidade de Rosário do Sul, a 100 quilômetros de Alegrete, como diretor-proprietário do jornal *O Rebate*. Na mesma cidade fundou e dirigiu *A Notícia*, em 1925. Durante 26 anos, a Gazeta de Alegrete esteve sob o comando de Galant e João de Deus Barros Perez. No período, constatamos que o jornalismo praticado foi totalmente influenciado pelos ideais do Partido Libertador, com muita opinião e pouca matéria imparcial.

A sociedade alegretense foi colonizada com uma estrutura econômica de base agrária e de criação da pecuária, latifundiária e escravocrata, instalando-se um modelo paternalista, onde as relações de caráter pessoal assumiram vital importância. A família patriarcal era a base desse sistema mais amplo e, por suas características quanto à composição e relacionamento entre seus membros, estimulava a dependência na autoridade paterna e a solidariedade entre parentes" (Antunes, 1995).

Embora a categoria família patriarcal esteja circunscrita ao ambiente rural, foi utilizada por vários pensadores como um exemplo válido para toda a sociedade brasileira, gerando uma confusão de conceitos, o que tornou a expressão família brasileira um sinônimo de família patriarcal (Leal, 2011). Janotti (1981) definiu coronelismo como o poder de influência de chefes políticos sobre parcela do eleitorado, cujo objetivo está centrado na escolha dos candidatos por eles indicados.

Magalhães (1924), ao citar Alberto Torres, registra estudo aprofundado sobre a força dos potentados rurais, que têm como base a politicagem local. "Sobre a influência dos conselhos eleitorais [...], ergue-se a pirâmide das coligações transitórias de interesses políticos" (Magalhães, 1924, p. XIV), mais fracos na segmentação do Estado, dependentes dos estreitos interesses locais, tendo sempre como núcleo essencial o clã rural. Esse não raro se apresentava com a patente de Coronel, concedida pelo poder público ou outorgada pelo povo, que, pelo fato de ser espontânea, dispensava o diploma oficial e o fardamento das paradas (Magalhães, 1924).

Não raro, o Coronel aumentava seus domínios territoriais à custa de propriedades usurpadas de adversários ou dos próprios amigos. A pressão de "cabras", mobilizados pelo Coronel, acontecia para criar no dono de pequenas propriedades a convicção de que era melhor vendê-las do que abandoná-las pela impossibilidade de nelas continuarem (Leal, 1976).

No clássico estudo de Victor Nunes Leal, apresentado em livro intitulado "Coronelismo, enxada e voto", publicado em 1949, a vida política dos municípios do interior do Brasil foi examinada com profundidade, revelando aspectos primários da política municipal. Saltou aos olhos do autor (1976) a liderança na figura do "coronel" ou "caudilho", como é chamado no Rio Grande do Sul, ocupando o lugar de maior destaque.

Do ponto de vista histórico, durante quase um século, em cada um dos municípios brasileiros existia um regimento da Guarda Nacional, criada em 1831 para substituição das milícias e ordenanças do período colonial, estabelecera uma hierarquia, em que a patente de Coronel correspondia a um comando municipal ou regional, por sua vez dependente do prestígio econômico ou social de seu titular, que raramente deixaria de figurar entre os proprietários rurais. De começo, a patente coincidia com um comando efetivo ou uma direção, que a Regência reconhecia, para a defesa das instituições (Araújo Filho, 1985).

Mas, pouco a pouco, as patentes passaram a ser avaliadas em dinheiro e concedidas a quem se dispusesse a pagar o preço exigido ou estipulado pelo poder público, o que não chegava a alterar coisa alguma, quando essa faculdade de comprar a patente não deixava de corresponder a um poder econômico, que estava na origem das investiduras anteriores.

Recebida de graça, como uma condecoração, acompanhada de ônus efetivos, ou adquirida por força de donativos ajustados, as patentes traduziam prestígio real, intercaladas numa estrutura social profundamente hierarquizada como a que costuma corresponder às sociedades organizadas sobre as bases do escravismo. No fundo, tratava-se do conhecido latifúndio, com os seus limites e o seu poder inevitável.

A presença e a influência dos poderosos locais já haviam sido registradas na obra "Cultura e Opulência do Brasil[7]", de André João Antonil, sem dúvida, um dos nomes mais expressivos da historiografia brasileira. "O ser senhor de engenho é título, a que muitos aspiram, porque traz consigo o ser servido, obedecido e respeitado de muitos", afirmou o historiador (1837, p. 169). Antonil aproximava o potentado local brasileiro da posição dos fidalgos, no reino de Portugal. Mas aqueles levavam a vantagem de apoiar-se a uma base sólida, que era a propriedade territorial, mais do que o favor e as benesses da autoridade régia, numa fase em que não

---

[7] Antonil, ao descrever, minuciosamente, a produção de açúcar, tabaco, mineração e criação de gado, mostra a consolidação da economia colonial e sua enorme potencialidade. Italiano, veio para o Brasil, em 1681, disposto a conhecer e avaliar como se vivia aqui e quais riquezas este vasto território poderia oferecer a Portugal. Sua obra foi escrita depois de 25 anos no Brasil e foi em grande parte destruída – e proibida pelo governo de El Rei D. João V – para não aguçar a cobiça de franceses, holandeses e ingleses diante das potencialidades da colônia portuguesa. A obra "Cultura e Opulência do Brasil" é, portanto, raríssima. Disponível em: http://www2.senado.leg.br/bdsf/handle/id/222266. Acesso em: 10 jul. 2018.

poucos eram os nobres que decaíam por força da dilapidação de fortunas hereditárias.

Ainda sobre a patente, o posto de "coronel" era geralmente concedido ao chefe político da comuna. Ele e os outros oficiais, uma vez inteirados das respectivas nomeações, tratavam logo de obter as patentes, pagando-lhes os emolumentos (taxas remuneratórias de serviços públicos, tanto notariais quanto de registro, configurando uma obrigação pecuniária a ser paga pelo próprio requerente) e averbações (delegação do poder público, realizada por notários, com poderes de averbar sentenças judiciais nos registros arquivados nos cartórios) para que pudessem elas produzir os seus efeitos legais.

Um desses era da mais alta importância, pois os oficiais da Guarda Nacional não podiam, quando presos e sujeitos a processo criminal, ou quando condenados, ser recolhidos aos cárceres comuns, ficando apenas como custódia na chamada "sala livre" da cadeia pública da localidade a que pertenciam. Preocupação, essa, que podemos observar entre os atuais políticos brasileiros.

Todo oficial possuía o uniforme com as insígnias do posto para que fora designado. Com o traje militar, marchavam para as ações bélicas, tomando parte nas solenidades religiosas e profanas da sua terra natal.

Os mais opulentos fazendeiros ou os comerciantes e industriais mais abastados eram os que exerciam em cada município o comando em chefe da Guarda Nacional, bem como a direção política, quase ditatorial, senão patriarcal, que lhes confiava o governo provincial (Basílio de Magalhães, 1924). Essa situação passou da Monarquia para República até ser extinta. Mas o sistema ficou arraigado de tal modo na mentalidade interiorana que até hoje os que detêm o poder político ou são chefes de partidos de maior influência no município, são popularmente chamados de "coronéis".

Leal (1978) concebeu o "coronelismo" como resultado da superposição de formas desenvolvidas do regime representativo, a uma estrutura econômica e social inadequada.

> Não é, pois, mera sobrevivência do poder privado, cuja hipertrofia constituiu fenômeno típico de nossa história colonial. É antes uma forma peculiar de manifestação do poder privado, ou seja, uma adaptação em virtude da qual os resíduos do nosso antigo e exorbitante poder privado têm conseguido coexistir com um regime político de extensa base representativa (Leal, 1978, p. 20).

Analisa-se, então, que o "coronelismo" é, sobretudo, um compromisso, uma troca de proveitos entre o poder público, progressivamente fortalecido, e a decadente influência social dos chefes locais, notadamente dos senhores de terras. Conforme Leal (1978), não é possível compreender o fenômeno sem referência à estrutura agrária, que fornece a base de sustentação das manifestações de poder privado, tão visíveis no interior do Brasil.

As características secundárias do sistema "coronelista", na década de 40, século XX, entre outras, eram: o mandonismo, o filhotismo, o falseamento do voto e a desorganização dos serviços públicos locais, dados esses apurados por Leal (1978).

Os chefes políticos municipais nem sempre são autênticos "coronéis". A maior difusão do ensino superior no Brasil espalhou por toda parte médicos e advogados, cuja ilustração relativa, se reunida à qualidade de comando e dedicação, os habilita à chefia. No entanto esses mesmos "doutores" são parentes, ou afins, ou aliados políticos dos "coronéis".

A mentalidade de "dono da cidade" prevaleceu (e ainda existe) por muito tempo entre os ricos fazendeiros do Rio Grande do Sul, em especial na zona da campanha, onde se concentram os grandes produtores rurais e criadores de gado. É nessa região que se localiza o município de Alegrete. Sua economia está baseada na agricultura, pecuária, ovinicultura e indústria.

A imprensa nas décadas de 50 e 60 (Século XX)
A década de 50 do século XX marcou uma série de mudanças profundas na história da imprensa brasileira. Ocorreram transformações nas estruturas administrativas dos jornais, visando a racionalizar o processo de produção e circulação do material jornalístico. Gerências mais impessoais e menos político-partidárias foram adotadas.

O jornalismo do Rio de Janeiro, na época capital do Brasil, serviu de referência a todo o país. Mudanças editoriais, redacionais, visuais e profissionais foram efetuadas nos jornais cariocas e nos grandes jornais do restante do país. A imprensa estabeleceu maior autonomia em relação às esferas literárias e políticas que até então dominavam o setor, passando a produzir um jornalismo que buscava objetividade, a partir de procedimentos técnicos de redação: lide, pirâmide invertida, copidesque, manuais de estilo etc., definindo o gênero informativo, composto por notas, notícias e reportagens. Os jornais passaram, então, a separar em suas páginas as matérias opinativas das informativas.

As crônicas e as colunas assinadas, por exemplo, receberam grande impulso, conformando-se definitivamente como gêneros jornalísticos. Principiou-se, entretanto, uma separação clara – marcada editorial e graficamente – entre a informação, transmitida "objetiva" e "imparcialmente", e o comentário pessoal e a opinião, que, apesar de valorizados, passaram a ter seu poder heurístico atenuado.

Novas técnicas de diagramação surgiram, consolidou-se um novo conceito de fotojornalismo, a caricatura ganhou força nos jornais. O jornalismo tornou-se uma profissão com identidade própria, a partir do aumento dos salários, a criação das faculdades de jornalismo, a construção de espaços de resistência e respeito a uma ética baseada no compromisso com a objetividade, responsabilidade social e defesa da liberdade de imprensa. Esse modelo, no entanto, só se impôs definitivamente como hegemônico na imprensa carioca da década de 50. No restante do país isto aconteceu nas décadas de 1960 e 1970.

Seguindo o mesmo padrão carioca de modernização, tínhamos no Rio Grande do Sul o Correio do Povo, fundado em 1895, além de outros jornais da capital gaúcha. No entanto, ao menos em Alegrete, observou-se o retrocesso no modelo jornalístico.

Neste artigo científico não é possível comentar todas as matérias político-partidárias desde a compra da Gazeta, em 1945, pelo grupo do Partido Libertador e pela União Democrática Nacional, até 1959, ano que ocorre o incêndio que destruiu o arquivo e todo maquinário da Gazeta de Alegrete. Por isso, destacamos apenas algumas para registrar o contexto histórico da época.

No dia 8 de janeiro de 1959, na capa do jornal, medindo mais ou menos 11 cm de largura por 20 de comprimento, sob o título "PALHAÇADA", a Gazeta publicou uma matéria para desmentir um anúncio feito por Leonel Brizola, governador do Rio Grande do Sul, poucos dias antes, depois de voltar de várias audiências na capital do país, onde pediu auxílio ao Presidente da República, Juscelino Kubitschek, para aliviar a crise financeira e de transportes que assolava o Estado. Brizola divulgou que todas as reivindicações do Estado seriam atendidas. Na matéria, a Gazeta anunciou que João Goulart havia enviado um recado para Brizola, informando que: "[...] parte das medidas pleiteadas já tinham sido deferidas pelo governo federal". Segundo o texto, eram providências de rotina e que "nada tinham a ver com as de caráter excepcional que a comissão tinha ido reclamar no Rio".

Em 15 de janeiro de 1959, também na capa, sob o título "Urge uma campanha de esclarecimento", a Gazeta ataca a candidatura de João Goulart à Presidência da República a se realizar em 1960. Dentre muitas acusações, a matéria diz: "[...] Convém, desde já, que os partidos verdadeiramente democráticos se apresentem para combater os processos tortuosos e as artimanhas da 'gang' que novamente se articula para assaltar o poder e explorá-lo em benefício dos seus interesses", referindo-se aos membros do PTB.

Em 18 de fevereiro, temos a matéria intitulada "A candidatura Jânio Quadros e os dramas do PTB", que como o próprio título deixa claro, critica os candidatos do PTB e defende as ações de Jânio Quadros. Em março de 1959, destacamos a manchete: "Desapontamentos nos círculos palacianos – Não agradou a resposta do Marechal Teixeira Lott", então Ministro da Guerra, que negou ao governador transferir a ferrovia gaúcha para a União. A matéria defende a posição de Lott.

Em abril do mesmo ano, seguem-se matérias em defesa do Partido Libertador e da UDN. Em junho, aparece com mais força a campanha da União pelo Progresso de Alegrete, unindo os partidos de oposição ao PTB e seus aliados, em torno da chapa Joaquim Fonseca Milano e Jaime Brum. Durante todo o mês de julho e agosto, prevalescem textos polítco-partidários em defesa dos candidatos da Gazeta. No alto das páginas, a propaganda da chapa do PL.

Em 1º de setembro de 1959, um apelo do Governador Leonel Brizola aos ruralistas gaúchos provocou protestos indignados da corporação, sendo amplamente explorados nas páginas da Gazeta naquele mês. Matéria publicada na página 3:

> Antetítulo: Crise de abastecimento de carne no Estado
> Título: **Apelo do governador provoca violenta reação da Associação Rural Santanense**
> Linha de apoio: Dr. Romagueira de Oliveira, presidente da entidade dos ruralistas daquele município, em telegrama à Farsul, solicita imediata convocação de assembléia da classe – Protesto contra a nomeação do Sr. Manoel Corrêa Soares para a presidência do Instituto de Carnes.
> Olho: O senhor governador do Estado, que prometeu em sua campanha pré-eleitoral, transformar o Rio Grande do Sul num Éden, dirigiu no dia 23 de agosto um apelo veemente aos ruralistas proprietários de mais de 3.000 rezes para que concordem em fornecer 3% de seu rebanho para o abate de fornecimento de carne verde à população, pelo preço de CR$ 15,00 e CR$ 15,50.

Este demagógico apelo, que outro objetivo não tem senão o de envenenar o espírito dos menos protegidos da fortuna contra a loboriosa classe ruralista, causou, como era natural, protestos da totalidade da classe visada.

Transcrevemos dos nossos colegas da Plateia, de Livramento, os telegramas enviados pelo Dr. Romagueira de Oliveira, presidente da Associação Rural de Livramento ao presidente das Associações Rurais do Rio Grande do Sul.

Primeiro parágrafo do telegrama publicado:
Estranhamos o silêncio desta Federação ante o recente apelo demagógico do Governador do estado aos fazendeiros, para que entreguem uma porcentagem dos gados invernados por preços irrisórios. É necessário apoderar a existência da Taxa de Barateamento da Carne Verde, arrecadando, somente neste município, no ano passado, dois milhões e meio a fim de baratear a carne para o povo porto-alegrense em detrimento da população interiorana [...].

O incêndio

Foi nesse contexto de "guerra política" que na madrugada de 10 de setembro de 1959, o fogo tomou conta da sede da Gazeta de Alegrete, destruindo todo seu arquivo, com 78 anos de história, e derreteu todo o maquinário do jornal. Em 4 de fevereiro de 1960, a Gazeta volta a circular na cidade, publicando em detalhes o que acontecera naquele dia e nos cinco meses seguintes de interrupção de sua publicação. Devido ao incêndio, a Gazeta não pode dar cobertura às eleições municipais, que aconteceram em outubro de 1959, tampouco à posse do prefeito eleito pela União pelo Progresso de Alegrete, encabeçada pelo Partido Libertador, de Heitor Galant, na época, deputado estadual.

A matéria de reabertura da Gazeta, na capa do jornal, em 4 de fevereiro de 1960, sem autoria, mas provavelmente redigida por Heitor Galant, escrita em forma de Editorial, intitulou-se "O REAPARECIMENTO DA GAZETA DE ALEGRETE".

> Cinco meses depois de incendiada por mãos evidentemente criminosas, ressurge hoje das próprias cinzas a velha Gazeta de Alegrete. Estava escrito, pelas mãos do destino, que não seria ainda desta vez que iria silenciar, definitivamente, o jornal tradicional que nascera em Alegrete para enfrentar os azares da imprensa do interior, a 1º de outubro de 1882.

Nesta edição foram publicadas todas as repercussões ocorridas com o incêndio, incluindo as conclusões do laudo da polícia técnica do Rio Grande do Sul, que garantiu a ocorrência de um incêndio criminoso contra a Gazeta, não tendo descoberto o autor (ou autores) do crime e, portanto, também não desvendou o motivo do incêndio. Os sócios do jornal atribuíram aos adversários a tentativa de "calar a Gazeta" por motivos políticos, mas nada pode ser comprovado.

O editorial descreveu o sentimento do proprietário em relação a tudo que aconteceu após o incêndio. Como se trata de documento histórico, reproduzimos o texto para que conste na bibliografia científica[8]:

---

[8] Editamos a grafia do texto, utilizando o português do século XXI.

[...] apesar das consequências destruidoras do sinistro, apesar da dureza do golpe inesperado e traiçoeiro, nunca passou pela mente dos responsáveis pela empresa editora Gazeta e pelo espírito dos seus redatores, a ideia de sepultar o nome do velho jornal no montão de escombros a que ficaram reduzidas suas instalações, na madrugada trágica de 10 de setembro de 1959. O espírito de luta dos que aqui labutam, muito mais por idealismo do que por interesses materiais, e a fibra inquebrantável desses servidores abnegados, desde o pessoal da redação e da livraria até os da oficina, somados ao devotamento do grupo de alegretenses que dirige a empresa, não permitiriam que se calasse este modesto, mas valoroso porta-voz da gloriosa comunidade alegretense.

Quando ainda fomegavam no prédio tradicional da rua Gaspar Martins os resíduos do incêndio, quando ainda não estavam bem extintas as labaredas sinistras que destruíram as instalações da folha local, os seus dirigentes já afirmaram o propósito, que se tornou realidade, de fazer reaparecer, fossem quais fossem os sacrifícios a enfrentar, o jornal criminosamente queimado. É que não concebíamos a ideia de eliminar das tradições vivas de Alegrete, o seu jornal de 77 anos de existência e que era também o mais antigo do Rio Grande do Sul. Não era mesmo possível permitir que o crime do incêndio apagasse, para sempre, um passado tão avultado de serviços à comunidade e aos ideais de liberdade que sempre nortearam o jornal, desde a sua fundação.

Fundada realmente para lutar pela abolição da escravatura, em 1882, a Gazeta de Alegrete nunca negou as suas origens, nem traiu a sua destinação. Foi sempre fiel às aspirações alegretenses, devotada ao progresso do município e apegada aos princípios democráticos que regem os destinos da Nação. **Único jornal que se edita nesta cidade** [destaque dos autores], registro vivo da existência de Alegrete há quase 80 anos, o seu desaparecimento definitivo seria uma vergonha, seria uma humilhação que a população não suportaria sem protestos.

Prova disso foram as inúmeras e calorosas manifestações de solidariedade que receberam os dirigentes do jornal, nos dias que se seguiram ao sinistro do dia 10 de setembro [de 1959].

O conforto dessas manifestações e o movimento de cooperação financeira para o reerguimento da folha alegretense, aliados à firme disposição da gerência, dos redatores e do pessoal gráfico de fazer circular novamente a Gazeta, explicam o quase milagre, que hoje se verifica, do seu reaparecimento.

Sim, senhores, a "Gazeta" está novamente nas ruas da sua querida cidade, já anda novamente nas mãos amigas dos alegretenses, apta a reencetar a sua luta de tantos anos em prol dos ideais de liberdade e de justiça por que sempre se bateu nos seus longos e heroicos 77 anos de existência.

Para esse *desideratum* muitos contribuíram, muitos trabalharam afanosamente, mas – é de justiça ressaltar – ninguém como João de Deus Barros Peres se bateu, se empenhou, com alma de espartano, pelo reaparecimento deste velho jornal. Ele foi um inconformado, desde o primeiro momento do trágico evento, com a hipótese de sepultar, nas cinzas do incêndio, essa viva tradição alegretense (Gazeta de Alegrete, 4 fev. 1960).

Abaixo do editorial, foi publicada uma nota da Prefeitura de Alegrete.

Imagem 1: Nota da prefeitura de Alegrete

> **PREFEITURA MUNICIPAL**
> Reaparecimento da «Gazeta de Alegrete»
> A Prefeitura Municipal de Alegrete tem a satisfação de congratular-se com a população dêste Município pelo reaparecimento da «Gazeta de Alegrete», tradicional órgão da nossa terra, e estende suas congratulações aos seus dirigentes pelo sucesso obtido no árduo trabalho de reerguimento do mais antigo jornal do Estado.
> Alegrete, 4 de Fevereiro de 1960.

Fonte: Gazeta de Alegrete, 4 fev. 1960, capa.

Ocupando as duas colunas da direita, uma crônica de Paulo Brossard de Souza Pinto[9], parabenizando o retorno da Gazeta. Interessante observar o conhecimento de Paulo Brossard sobre a história da mesma e o significado de um jornal interiorano para sua cidade. Ele relembra que em 1882, a cidade, então um rústico vilarejo, viu surgir um jornal com o ideal de lutar pelo fim da escravatura.

> Para cumprir as grandes missões da imprensa, que em todo o mundo se apresentavam como as mais altas do gênero humano: a difusão da cultura, o progresso, a paz, a liberade, a democracia; em uma palavra: a libertação do homem. [...] E a abolição foi feita. E a crônica da comunidade continuou a

---

[9] Paulo Brossard de Souza Pinto nasceu em Bagé, em 23 de outubro de 1924, e morreu em Porto Alegre, em 12 de abril de 2015. Foi jurista, advogado, magistrado, professor, agropecuarista e político brasileiro. Foi deputado estadual (estado do Rio Grande do Sul), deputado federal, senador, ministro da Justiça e ministro do Supremo Tribunal Federal.

escorrer pelas colunas do jornal. E não só a história foi sendo guardada em suas páginas, senão também que suas páginas passaram a fazer história. Registrou e influiu nos acontecimentos (Brossard, Gazeta de Alegrete, 4 fev. 1960).

Texto completo:

Paulo Brossard de Souza Pinto

O ressurgimento da GAZETA DE ALEGRETE não é apenas um alvissareiro sucesso citadino, ainda quando, como tal, nenhum o suplante.

Registro diuturno da comuna, a GAZETA está fundida na paisagem e na vida desse recanto da querência gaúcha. Suponha-se o Alegrete sem a GAZETA. Não seria o mesmo. Estaria privado de algo inerente a sua fisionomia social.

Imagine-se a garbosa cidade de hoje nos idos de 1882, rústico vilarejo perdido nas verdes campinas, junto ao Ibirapuitã. Um ideal generoso fez uma oficina, e um jornal passou a circular. Para cumprir as grandes missões da imprensa, que em todo o mundo se apresentavam como as mais altas do gênero humano: a difusão da cultura, o progresso, a paz, a liberdade, a democracia: em uma palavra: a libertação do homem. Libertá-lo do ignóbil vínculo da escravidão, já se vê, havia de ser tarefa imediata e precípua. A ela se votou, declarada e altaneiramente, a GAZETA DE ALEGRETE que nasceu abolicionista.

E a abolição foi feita. E a crônica da comunidade continuou a escorrer pelas colunas do jornal. E não só a história foi sendo guardada em suas páginas, senão também que suas páginas passaram a fazer história. Registrou e influiu nos acontecimentos.

Não houve fato, luta, campanha, guerrilha, peleia que não ecoasse na GAZETA, ou que a GAZETA deixasse de patrocinar ou combater. Nascimento ou noivado. Enlace ou morte. Candidatura ou eleições. Fartura ou crises. Encrencas, ideais ou revoluções. A guerra ou a paz. Os juris memoráveis... as carreiras... as formaturas ... as caravanas políticas... Fatos familiares, sucessos políticos, acontecimentos econômicos, eventos esportivos, episódios guerreiros. Enfim, a vida com seu lado feio, suas arestas amargas e seus quadros belos. Tudo filtrado e condensado pela GAZETA nos seus setenta e sete anos de intensa e dura atividade em que tem sido tribuna e trincheira. Daí porque ela faz parte da paisagem urbana, e seu desaparecimento seria uma fratura na continuidade histórica e na identidade sentimental do Alegrete.

Em verdade, porém, a GAZETA não é apenas um jornal, ou o jornal do Alegrete. É a folha mais antiga do Estado. O fogo não reduziu a cinzas apenas um patrimônio. Destroçou também um acervo moral que pertencia ao Rio Grande.

Destroçou?

Não teve essa força. E, coisa interessante, parece que só depois dela haver sido materialmente destruída é que a gente desse rincão se deu conta que a velha GAZETA DE ALE-GRETE era de todos, e cada alegretense era seu condômino espiritual. O jornal era da terra e com ela se confundia. Que a GAZETA não foi destroçada, eis a prova. Sob os olhos do leitor RESSURGIU.

Passei pelo Alegrete logo depois do desastre. Um tanto por acaso, assisti à reunião em que ficou decidido o reaparecimento do jornal. Foi uma cena comovedora e edificante.

Aí está novamente o veterano órgão da imprensa gaúcha e com ele se restabelece a harmonia da cidade, que está como antes. Não lhe falta nada. Outra vez já se pode nascer, noivar e morrer no Alegrete. Os fatos da vida voltaram a ganhar autenticidade. São legítimos. Circula a GAZETA DE ALEGRETE. Salve! Porto Alegre, 28 de janeiro de 1960."

As medidas de recuperação do jornal

Também no primeiro exemplar, a Gazeta relata como conseguiu recursos para comprar a maquinaria necessária para a impressão, o papel, a tinta e tudo mais que se faz necessário para uma empresa jornalística, bem como o aluguel para a nova sede do jornal.

Para tanto, Galant abriu o capital da empresa para acolher mais 100 sócios, que se tornaram donos da Gazeta de Alegrete e não solicitaram ressarcimento quando os políticos do Partido Libertador passaram o jornal para o comando de Samuel Marques e Hélio Ricciardi, em 1967.

Imagem 2: Novos sócios

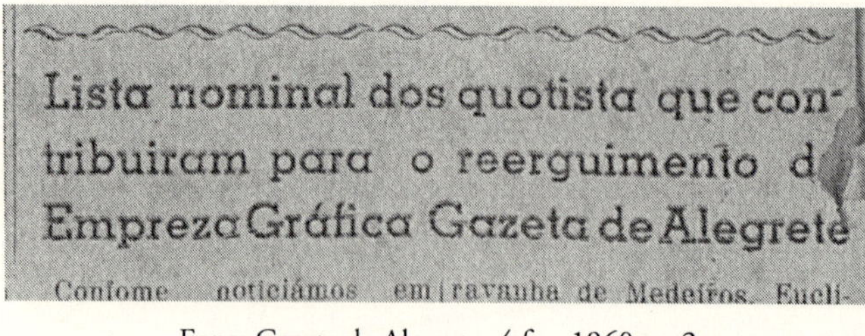

Lista nominal dos quotista que contribuiram para o reerguimento d Empreza Gráfica Gazeta de Alegrete

Fone: Gazeta de Alegrete, 4 fev. 1960, p. 2.

Texto:

"Conforme noticiamos em outro local desta edição, um dos meios que contamos para retornar a Gazeta de Alegrete foi o aumento do capital da empresa. A lista de subscrição ainda continua aberta para as pessoas que queiram cooperar para a manutenção deste jornal. Estamos mesmo necessitando que a relação dos subscritores do capital aumente para podermos satisfazer os compromissos que fomos obrigados a contrair para podermos pôr o jornal novamente em circulação. O jornal complementa o texto publicando o nome dos 100 novos sócios, hoje todos mortos.

Durante pesquisa de campo realizada em 2029 junto a antigos assinantes da Gazeta de Alegrete, filhos e netos dos sócios do jornal e da elite econômica e intelectual da cidade, não encontramos nenhuma pessoa que soubesse falar do incêndio da Gazeta e de seu retorno. Nem mesmo os atuais proprietários conheciam essa informação. Ela tem relevância porque foram os alegretenses, fazendeiros, médicos, advogados, políticos locais, engenheiros, que proporcionaram a recuperação do jornal, numa época em que a comunidade tinha grande apreço pelo periódico. Centenas de outros assinantes ajudaram a recuperar o arquivo do jornal, doando os exemplares que guardavam em casa juntamente com seus livros.

Na mesma edição, publicada na página 4, há uma sessão intitulada Coluna Rural, sob o título Ressuscitando, de artigo opinativo de A. G. Gomes que congratula-se com os alegretenses que ajudaram a recuperar o jornal. E aproveita para registrar as reivindicações so setor rural.

Texto:

A ausência da Gazeta, por quatro meses, serviu para se apreciar melhor a importância deste veterano jornal para os mais diversos setores da coletividade alegretense. Para fazê-la ressurgir das cinzas, grandes dificuldades foram vencidas. A opinião pública, que tanto lamentou o incêndio criminoso, causador da destruição, aplaude, agora, a ressurreição.

Na pessoa de João Peres que, com justiça, representa o esforço pelo renascimento da Gazeta, a Coluna Rural homenageia todos esses alegretenses de boa vontade. Congratulações também merecem os funcionários desta empresa. Agora podem recomeçar seu trabalho discreto, mas tão importante, de dia atrás dia, reúnem as milhares de letras que formam um jornal. Não se deve esquecer o grupo numeroso dos financiadores desta custosa reconstrução, colaboradores desinteressados em lucros, mas que tiveram em vista apenas o progresso do nosso Município.

*****

Enquanto a Gazeta esteve ausente, a vida não parou. Entre muitas notícias que não tiveram este fiel jornal para transmiti-las a todos os nossos rincões, destaca-se a última eleição municipal. Outros são, agora, os partidos governantes, e aguardam-se as naturais mudanças de orientação.

Nesta coluna Rural, secção dedicada aos problemas do ruralismo, nos permitimos fazer votos de que a nova administração atenda mais às atividades rurais do que a anterior. Que o novo governo tenha sempre presente de onde vem a energia econômica sustentadora de Alegrete. Que Alegrete é conhecido como o município de maior rebanho bovino em todo o Brasil. Que temos possibilidades para desenvolver uma lavoura diversificada, com muitas e valiosas culturas [...].

Na página 7, destaca-se uma coluna de Sadi Ramos Guedes, comentando o incêndio da Gazeta de Alegrete. O artigo mostra o carinho do autor para com a Gazeta de Alegrete, bem como o que pensa sobre o papel do jornal. Considera-o porta-voz dos alegretenses, "cujas páginas eram abertas para a publicação dos trabalhos daqueles que davam os primeiros passos no mundo do jornalismo". Destaca, desta forma, a importância do jornal para os jornalistas que iniciavam na profissão, ou seja, sua função enquanto empresa jornalística. Com euforia, saúda o retorno do jornal.

Texto original:
Meses são passados desde aquela trágica noite que trouxe consigo uma triste e cruel missão – destruir a "Gazeta de Alegrete", usando como arma as sinistras e devoradoras chamas do fogo.

A grande família Alegretense, sensibilizada, viu sobre os escombros daquele prédio o seu porta-voz reduzido a cinzas e sentiu a perda de seu querido jornal, cujas páginas eram abertas para a publicação dos trabalhos daqueles que davam os primeiros passos no mundo do jornalismo. Assim, a Gazeta não só foi porta-voz de um povo, como também foi formadora e orientadora de todos que a ela acorriam.

Mas veio o fogo, pensando que silenciaria para sempre quem se dedicara ao serviço de uma coletividade. Enganou-se. Morre um homem, porém suas ideias perduram.

O prédio era o homem, mas as ideias eram as pessoas, dirigentes e funcionários. Eis porque, mais cedo ou mais tarde, haveria de renascer com toda ou maior pujança. É assim que acontece – após a noite lúgubre, presenciamos a alvorada límpida do ressurgimento.

É o jornal mais antigo do Rio Grande, que abandonou o repouso para retornar à missão confiada há 76 anos.

Alegretense, hoje é um grande dia para ti.

Eis que ressurge o teu porta-voz, reformador e orientador.

Na mesma edição, na página 8, texto sem autoria, encontram-se outras explicações que revelam como se processou o trabalho de reerguimento da Gazeta.

O reaparecimento da Gazeta de Alegrete, cerca de 5 meses após o sinistro do dia 10 de setembro de 1959, resultou do esforço do grupo de conterrâneos que dirige a empresa, dos dirigentes do jornal e da cooperação financeira, expontânea e valiosa de numerosos alegretenses.

Assim que se verificou o incêndio, os dirigentes da Empresa Gráfica Gazeta de Alegrete Ltda. acertaram com os dirigentes do jornal o reaparecimento do velho órgão alegretense, a qualquer preço. Todos os esforços, todos os sacrifícios deveriam ser feitos no sentido de reencetar-se, no menor prazo possível, a publicação da tradicional folha alegretense.

Assentou-se, então, como medida de execução imediata, o aumento do capital da empresa, para assim obterem-se recursos financeiros para enfrentar as despesas com a restauração das oficinas. As listas de subscrição do aumento de capital passaram então a correr na cidade, recebendo a adesão expontânea de grande número de novos acionistas da empresa. Alguns dos antigos acionistas também cooperaram, fazendo aumento de capital. Ao mesmo tempo, procurou-se recuperar as máquinas atingidas pelo

fogo e que foram os objetos menos castigados pelas chamas. Esse delicado trabalho foi confiado aos srs. Florindo Ramos e José Freitas, competentes e dedicados profissionais, que conseguiram realizar com êxito as tarefas que lhes foram confiadas. Graças ao trabalho daqueles profissionais conterrâneos conseguiu-se pôr novamente em funcionamento as máquinas da Gazeta, as das oficinas gráficas e a velha impressora rotoplana. Do material que havia nas oficinas, perdeu-se totalmente, consumido pelo fogo, o seguinte: tipos de diversas espécies, pesando mais de 1.600 quilos; 18 cavaletes com as respectivas caixas; uma guilhotina manual; uma grampeadora; uma máquina para trabalho de alto relevo; diversas mesas de madeira e quatro armários; a coleção inteira de clichês com mais de 300 unidades; 3 motores elétricos: uma guilhotina manual de cortar papel. [Esses são vários equipamentos utilizados para produção de um jornal em tipografia, dentre outros].
Perdemos ainda a coleção do jornal desde a sua fundação [1882]. (Grifo nosso. Entendemos que essa foi a principal perda do jornal por ser insubstituível).
Do que havia na livraria nada foi salvo. Para substituir o material consumido pelo incêndio fizemos uma encomenda à Companhia T. Janér, filial de Porto Alegre, no valor de Cr$ 1.100.000,00. A Companhia T. Janér nos atendeu com grande solicitude e liberalidade, tendo sito fator importante no reaparecimento deste jornal, tudo facilitando para que pudéssemos realizar nosso desejo de reencontrar a sua publicação e pôr novamente em atividade nossa oficina gráfica.
As instalações da Gazeta e as mercadorias da livraria estavam seguradas por Cr$ 800.000,00, mas ainda não conseguimos receber o seu valor, em virtude de

exigências do Instituto de Resseguros, que agora já foram todas satisfeitas e breve deveremos estar na posse daquela quantia.

O prédio da rua Gaspar Martins, onde se achava instalada a Gazeta, pertencia aos srs. Joaquim Silveira e João Batista Leal Pereira, e estava no seguro por Cr$ 500.000,00. A dívida da empresa para os seus fornecedores, na data do incêndio, era de Cr$ 650.000,00 e ainda não foi paga. Os credores, em face do sinistrão, têm demonstrado espírito de compreensão e tolerância. Com o produto do aumento do capital e do seguro, pretendemos enfrentar os compromissos relativos àquela dívida e aos novos assumidos com a Companhia T. Janér, no valor de Cr$ 1.100.000,00. Dos nossos empregados, com exceção de dois, que se despediram da empresa e eram dos mais novos, todos os outros continuam prestando serviços a nossa Casa. "Nenhum foi despedido" (grifo nosso).

Como jornalistas, é uma grande satisfação poder contar o que aconteceu com a Gazeta de Alegrete em 1959 e 1960, por ocasião do seu retorno. Muito dificilmente podemos apontar outros exemplos de jornais que incendiaram criminosamente ou não, e que tornaram público todos os detalhes do incêndio e da força-tarefa para recuperar o único jornal que circulava em Alegrete naquela ocasião.

Das matérias publicadas, podemos retirar evidências da importância do jornal para a cidade, do carinho das autoridades e leitores da Gazeta, a alegria que tomou conta de diversos setores da economia com a volta do jornal, destacando-se, também, seus anunciantes, da união de muitos cidadãos em torno da missão de ajudar no retorno da Gazeta de Alegrete.

Naquela época, a população alegretense se referia à Gazeta de Alegrete como "nosso jornal", o jornal da cidade.

Os discursos publicados mostram, ainda, o que significava um "jornal" no século XX para a sociedade, a credibilidade da imprensa, sua importância para a economia dos municípios, para a política, para as profissões autônomas como advocacia e medicina, para o esporte, educação e saúde, segurança pública e tantas outras áreas da sociedade. É claro que existiam exceções, normalmente na crítica às editorias de política, especialmente quando os proprietários também atuavam nos parlamentos ou no Executivo.

O atrelamento dos jornais a partidos políticos se deu no período do jornalismo político-partidário, nos séculos XIX e XX, finalizando na Revolução de 1932, quando a imprensa foi desarticulada através do fechamento policial de vários jornais, entre os quais o Estado do Rio Grande. Conforme estudo de Francisco Rüdiger (1993)[10], o golpe de misericórdia foi dado pelo Estado Novo, que aboliu oficialmente os partidos e decretou o fechamento de diversos jornais, ente eles, A Federação, O Estado do Rio Grande, O Libertador, O Diário Liberal e o Echo do Sul.

Os jornais que sobreviveram, adaptaram-se ao Estado Novo adotando uma linha editorial noticiosa ou postura oficialista. No entanto, a censura estabelecida por Vargas se encarregou de manter os jornais "na linha" e impôs duras represárias aos resistentes.

---

[10] RÜDIGER, Francisco. *Tendências do Jornalismo*. Porto Alegre: Editora da Universidade, 1993.

O declínio do jornalismo político-partidário, a bem da verdade, começou a se desintegrar com a criação do Correio do Povo, em 1895, que adotou o jornalismo noticioso. No editorial da edição de 1º de janeiro de 1917, "A Federação" comentou:

> Não é com a facilidade de formular juízos sobre eventos ocasionais, não é com a plasticidade do estilo e volubilidade de conceitos, não é com o automatismo da linguagem desatada dos pensamentos criteriosos, não é com a vaga das opiniões descoordenadas, não é com a fraseologia dos numerosos verbomanos que se acotovelam nas salas de redações do jornalismo industrial moderno, atravancando a vida social, que se fez a grandeza da missão jornalística de A Federação (citado por Rüdiger, 1998, p. 48).

A passagem do jornalismo político-partidário para o empresarial foi mediada social e historicamente pelo jornalismo literário e independente. Porém não pretendemos abordar este tema, uma vez que nosso propósito é registrar a história do incêndio que acabou com a Gazeta de Alegrete.

O incêndio da Gazeta de Alegrete repercutiu também, como era de se esperar, no plenário da Assembleia Legislativa do Estado. Na sessão do dia 15 de setembro de 1959 falaram sobre o sinistro que destruiu o velho órgão alegretense, os ilustres deputados Poto Medeiros e Heitor Galant, tendo havido, também, manifestações de pesar da Mesa e dos representantes das bancadas. Os discursos constam nos Anais da Assembleia, correspondentes à sessão do dia 15 de setembro.

Por fim, a última página da Gazeta de Alegrete, responde à pergunta: Quem incendiou e como colocou fogo? Infelizmente, a polícia técnica não conseguiu descobrir o que motivou o incendiador a fazer o que fez.

Imagem 3: Laudo da Polícia Técnica do RS

Fonte: GAZETA DE ALEGRETE,
4 de fevereiro de 1960, p. 12 (Arquivo físico).

Diz a reportagem, que não foi por mero acidente, por algum curto-circuito, que o prédio de a Gazeta de Alegrete foi destruído pelo fogo. Na noite anterior, o prédio havia sido arrombado. Por ocasião do incêndio, um eixo cardan que se conservava no fundo do pátio, apareceu por debaixo do cofre, e este, por sua vez, apareceu com a sua maçaneta quebrada. No dia do incêndio, o prédio foi novamente arrombado. O Delegado de Polícia de Alegrete, Darwin Ruben Alves Silveira, para esclarecer o caso, requisitou a ida da Polícia Técnica de Porto Alegre para a cidade. O perito criminalístico, engenheiro Nelson Achilles de Souza Nunes, foi quem fez as análises técnicas.

Ao estudar as causas propositais do incêndio, a polícia técnica assinalou algumas anormalidades: a fratura da maçaneta da porta e a presença dentro do escritório do eixo cardan. Tudo fez crer que tais anormalidades foram causadas por mãos humanas. Considera-se que os elementos que acorreram para combater o fogo não puderam penetrar no interior do prédio dada a intensidade das chamas. Após o fogo ter sido apagado nenhuma pessoa penetrou no interior do prédio, tendo ficado isolado. Concluiu-se que as anormalidades observadas no cofre não poderiam ter ocorrido durante o incêndio, e sim antes do mesmo.

A conclusão da polícia, com base nas observações feitas no local, apresenta como causas, em ordem decrescente de probabilidades:

a) O incêndio em referência teve como causas coto de cigarro ou palito de fósforo jogado inadvertidamente aceso sobre papéis existentes no interior do prédio por pessoa ou pessoas que ali estiveram com o intuito de abrir o cofre (fato este evidenciado pelas anormalidades constatadas no cofre).

Possibilidade de pessoa ou pessoas, que tentaram abrir o cofre pela força, não o podendo fazer, poderiam ter, propositadamente, lançado fogo ao prédio para encobrir indícios por pura maldade.

Conclusão, segundo a reportagem:
"A GAZETA DE ALEGRETE foi incendiada criminosamente. Não perdemos a esperança de apontar à Justiça o nome ou os nomes dos responsáveis pela prática do crime. Deixamos, porém, de momento, estas considerações para nos congratularmos com o povo de Alegrete nesta oportunidade de nosso ressurgimento, dando início a uma nova época de trabalho, em que por muitas colunas haveremos de incentivar

o progresso e o bem-estar do povo alegretense[11] (GAZETA DE ALEGRETE, 4 de fevereiro de 1960, p. 12 [contracapa]).

Referências

A CULTURA DO ALEGRETE. **Revista Cultura Contemporânea**, ano 27, out. a dez., 1994.

ARQUIVO HISTÓRICO DA GAZETA DE ALEGRE: de 1898 a 1974. Digitalizado na PUCRS, a partir de projeto de pesquisa da professora Beatriz Dornelles de 2013 a 2016. Ainda não disponibilizado para consulta externa.

ANTUNES, Maria Ignácia de Souza. **Raízes sócio-econômicas de Alegrete**. Porto Alegre: Evangraf, 1995.

FORTES, Gabriel Borges. Entrevista com Heitor Galant, em outubro de 1973. Manuscrito entregue a João Batista Marçal, 1985.

FORTES, Gabriel Borges. Trabalho de História dos Meios de Comunicação Social, elaborado para entrega no Curso de Jornalismo da UFRGS, 1973. Texto datilografado.

GAZETA DE ALEGRETE. Ano 64, n. 74, 30 set. 1945.

GAZETA DE ALEGRETE. Edições de janeiro a setembro, 1959.

GOLDEMBERG, Maurício. Entrevistas realizadas por Beatriz Dornelles, em Alegrete, na casa do jornalista, em fevereiro de 2016; dezembro de 2018; setembro de 2019.

JANOTTI, M. de L. **O coronelismo: uma política de compromissos**. São Paulo: Brasiliense, 1981.

---

[11] Fim da reportagem "O incêndio de a Gazeta de Alegrete".

LEAL, Victor Nunes. **Coronelismo, enxada e voto.** São Paulo: Alfa-
-Omega, 1976.

LEAL, Zélia; SILVA, Jussara; RENNER, Sonia. **História da Imprensa de Alegrete.** Trabalho manuscrito, entregue na Faculdade de Jornalismo da UFRGS, s/d.

MAGALHÃES, Basílio de. **O municipalismo em Minas Gerais.** São João-del-Rei (s/editora), 1924.

MARÇAL, João Batista. **Gazeta de Alegrete, os Prunes e seus jornais. Porto Alegre,** 2001. Documento original, datilografado, cedido a Beatriz Dornelles em 2013.

MARÇAL, João Batista. **Fatos e Personagens de nossa história operária:** contribuição à história das lutas sociais no RS. Texto original, datilografado. Porto Alegre, 2009.

MIRANDA, Beatriz Malheiros. **Lista de Jornais que circularam em Alegrete** no século XIX. Trabalho datilografado para cadeira de História da Imprensa, do curso de Jornalismo da UFRGS, 1964.

PORTELLA, Victorino de Carvalho. **Alegrete, Capital Farroupilha:** Traços de Relance. Publicação independente, 1956.

PRUNES, José Fredolino. **Notas para história da imprensa na fronteira do Rio Grande do Sul.** Texto inédito, 1956.

RÜDIGER, Francisco. **Tendências do jornalismo.** Porto Alegre: Editora da UFRGS, 2. ed., 1998.

Fone: 51 99859.6690

Este livro foi confeccionado especialmente para a
Editora Meridional Ltda.,
em AdobeGaramondPro, 11,5/15 e
impresso na Gráfica Odisséia.